KB126022

FAMILY AND MEDIA

가족과 미디어

이 도서의 국립중앙도서관 출판시도서목록(CIP)은 e-CIP 홈페이지(http://www.nl.go.kr/ecip)에서
이용하실 수 있습니다.(CIP제어번호: CIP2010001063)

미디어가 만드는 새로운 가족관계와 문화

가족과 미디어

강명구·김수아·배진아·서주희·설진아·이경숙·정영희·조연하·황하성 지음

한울
아카데미

발간사

가족과 디지털 미디어: 소통과 단절의 양면성

    얼마 전 영국 BBC 방송이 세계적으로 인터넷이 제일 발달했다고 평가되는 한국의 가정을 대상으로 인터넷 없는 생활에 관한 실험을 진행했다. BBC는 한국 주재 특파원을 통해 서울의 강변아파트 단지에서 인터넷 없이 일주일을 보낼 가정을 수소문했다. 아파트 집집마다 방문하여 취지를 설명하는 한편 안내문을 붙이고 부녀회의 도움을 요청하는 등 지원자를 찾았지만 만만치 않았다. 자녀들은 온라인을 통해 학교 과제를 제출해야 하고 어른들은 인터넷을 통해 사업을 하거나 재택근무를 하고 있어 아무도 선뜻 나서지 않았다. 상당수의 주민들이 인터넷을 통한 뉴스 읽기나 소셜네트워킹(SNS), 주식거래 등이 습관화되어 있는 데다 텔레비전까지 인터넷으로 연결되기 때문에 인터넷 없는 세상을 겪어보려 하지 않았다고 BBC는 전했다.

    BBC는 간신히 두 가정의 승낙을 받아 KT 직원을 동원해 일주일간 모뎀을 없애고 생활에 어떠한 변화가 있는지를 체크했다. 평소 온라인 쇼핑을 주로 해온 주부 A씨는 직접 슈퍼마켓을 찾아가야 했고, 학부모들을 위한 블로그를 운영해온 B씨는 학부모들을 직접 만나 이야기를 전해야 했다. 시간이 지날수록 가족 구성원들에게 심리적인 변화가 찾아왔다. 참가자들은 무엇보다 뉴스를 접하지 못함으로써 심한 소외감을 느끼게 됐다고 털어놓은 반면, 컴퓨터에서 자유로워지면서 가족들끼리 보내는 시간이 훨씬 많아졌고 자녀들은 피아노를 치거나 책을 읽고 보드게임을 하는 시간이 부쩍 늘었다고 했다. 평소 같으면 자녀들이 밤늦게까지 인터넷 게임을 하기 때문에 아침에 늦게 일어나지만 모처럼 가족들이 모여 앉아 아침 식사를 하는 기회도 생겼다고 했다.

일주일이 지나고 다시 모뎀을 설치한 날, 두 가정은 그동안 얼마나 인터넷에 의존한 생활을 해왔는지를 자각할 수 있는 기회가 됐다고 입을 모았다. 하지만 "일주일로 충분하다"면서 "또다시 인터넷 없는 일주일은 절대 사양"이라고 고개를 가로저었다(2010. 3. 14. 연합뉴스).

인터넷, 텔레비전, 휴대전화, MP3, 최근에는 스마트폰에 이르기까지 일상생활에서 디지털 미디어는 이제 도저히 떼어낼 수 없는 존재가 되었다. 또 단순한 기기로서의 역할을 넘어 우리 일상 깊숙이 자리 잡아 사람들의 라이프스타일을 만들어내고, 사람과의 관계를 변화시켜 사회를 바꾸어 나가고 있으며, 우리 사회에서 가장 견고하다는 가족마저도 변모시키고 있다.

특히 최근 스마트폰의 위력은 유비쿼터스의 실체를 느끼게 한다. 직장은 물론 강의실이든 지하철 안이든 혹은 어느 카페에서든, 내 손 안의 컴퓨터는 그 어느 누구와도 소통이 가능하게 할 뿐 아니라 게임이나 음악듣기, 정보찾기 등 끊임없이 모니터에 몰두할 수 있도록 한다. 모니터 속 관계에 집중하면서 일상에서의 사회적 관계는 무한정으로 확장되었다. 스마트폰을 이용한 트위터 접속은 거의 실시간으로 다량의 사회적 커뮤니케이션, 즉 소통을 가능하게 한다. 군중들과의 소통을 무리 없이 해내는 이들도 많아졌다. 디지털 기기의 혁명은 우리의 소통능력을 무한정으로 확장시켜주고 있음이 분명하다.

그러나 이처럼 소통의 매개인 디지털 미디어는 정반대로 우리를 서로서로 소외시키고 배제하도록 만들기도 한다. 디지털 미디어의 탈공간성으로 인해 자녀는 늘 친구와 연결되어 있고, 디지털 미디어의 개인성은 자녀를 그들만의 디지털 세계로 빠져들게 한다. 가족들이 식사하는 자리에서 부모와 대화를 나누기보다는 끊임없이 휴대전화로 친구들과 메시지를 주고받는 자녀들의 모습을 일반 가정에서 발견하는 것은 어렵지 않다. 거실에서 가족들이 둘러앉아 텔레비전을 보는 것도 쉽지 않다. 청소년 자녀들은 십대에 들어서면 각자 자기 방으로 들어가 컴퓨터를 상대하곤 한다. 설사 텔레비전을 함께 보고 있더라도 가족과 대화하기보다는 휴대전화로 친구들과 연락하며 보기 일쑤이다. 인터넷으로 메시지를 교환하는 자녀 방에 들어가 봐야 사이버 속 자녀의 친구들은 누가 누구인지 알 수도 없다. 쉼없이 누군가와 대화를 나누고 있음이 분명한데 '나(부모)'는 그 대상에 포함되지 않는다. 휴대전화의 비밀번호는 부모 개입이나 접근에 대한 자녀들의 일상적인 통제방식이다.

이 책은 미디어 속 가족과 가족 속의 미디어 두 부분을 다루고 있다. 미디어 속에서 우리네 가족은 여전히 견고하고, 자녀에 대한 부모의 개입은 동아시아 국가 중에서 가장 으뜸이었으며, 이주여성들의 한국 가족으로의 편입에서도 가족주의와 부계질서는 그 완강함이 여전하다. 하지만 미디어를 벗어난 현실에서는 가족의 소외와 배제가 시시각각 드러나고, 인터넷 중독이나 디지털 기기에 몰입하는 자녀들을 위해 가족 안에서의 미디어 교육이 이제까지보다 더 간절하게 요구된다.

이 책은 한국여성커뮤니케이션학회가 그동안 발간해온 총서 중 여덟 번째 작업의 결과이다. 1994년『성, 미디어, 문화』를 엮은 이후로『대중매체와 성의 상징질서』(1997), 『대중매체와 성의 정치학』(1999), 『사이버문화와 여성』(2000), 『미디어의 성과 상』(2003), 『모바일 소녀@디지털아시아』(2006), 『젠더, 이주, 모바일놀이』(2008) 등 여성커뮤니케이션학회는 우리 사회 미디어 영역에서의 여성의 문제를 중심 테제로 꾸준히 다루어왔다. 이번『가족과 미디어』는 미디어 속에서의 가족의 모습과 더불어 가족이라는 울타리 속에서의 여성의 정체성, 범람하는 디지털 미디어 환경에서의 가족과의 소통, 미디어교육을 위한 부모의 역할 등 가족 속에서 보다 확장된 여성의 모습을 다양하게 드러내고 있다.

책의 모양을 갖춰준 도서출판 한울과 기획에서 출간까지 힘써 준 정회경 교수에게 특별한 감사를 드린다. 무엇보다 집필에 참여해준 연구자와 이들을 포함한 여성커뮤니케이션학회 회원 모두에게 진심으로 감사드린다. 이 책에서 다뤄진 내용처럼 속속 등장하는 새로운 디지털 미디어 기기들이 우리에게 가족과 정서적 교감을 나누도록 하는 감성적 미디어로 역할하기를, 단절보다는 소통의 확장에 기여할 수 있기를 소망하면서 다음 권에서는 더 좋은 주제로 독자들과 만날 수 있기를 기대해본다.

2010년 3월
제4대 한국여성커뮤니케이션학회 회장 박은희

차례

제1부

미디어 속의 가족

제1장 텔레비전 드라마와 다문화 가족의 재현

이경숙 (고려사이버대학교 미디어홍보영상학과 부교수)

1. 서론

결혼 제도의 변화는 가족의 변화를 의미한다. 국제결혼, 결혼 이주 등의 용어는 가족의 모습이 직접적으로 변화하고 있음을 보여준다. 이러한 현상 외에도 가족은 위기, 해체, 재구조화라는 말과 함께 시대적 변화의 소용돌이를 체험하고 드러내는 사회 변화의 장이기도 하다(함인희, 2002; 안호용·김홍주, 2000). 특히 국외로부터의 결혼 이주는 전통적인 혈연과 유교적 가치관을 토대로 한 정상 가족, 바람직한 가족으로 제시되었던 가족상이나 규범에도 영향을 미친다.

외국인 100만 시대, 다양한 국적의 이주자가 아버지 혹은 어머니가 되어 가정을 이루고 살아가지만 결혼 이주로 형성된 가족은 그들이 가진 다양성에도 불구하고 모두 '다문화 가정'이라는 하나의 호칭으로 불린다. 이러한 방식은 그동안 한국 사회의 가족주의가 정상 가족이라 여기는 범주에 속하지 않는 모든 가족들을 범주화하거나 호명하는 방식이기도 하다. 이렇듯 가족의 다양한 형태에도 불구하고 그 다양성이나 차이는 가려진 채, 이들 가족들이나 그 구성원들을 호명하는 방식은 특정한 형태로 미디어를 통해 확산되고 있다.

'다문화 가정'이라는 말과 함께 이들을 다루는 텔레비전 프로그램의 종류와 양이 점차 늘어나고 있다. 이제는 각종 텔레비전 드라마 장르에서도 이주여성이 다루어지는데, 일일 드라마뿐만 아니라 농촌 드라마와 주말 드라마까지 그 범위를 넓히면서 다문화 현상에 대한 이야기는 드라마의 일상적 소재로 등장하게 되었다. 베트남의 라이따이한을 주인공으로 한 SBS의 <황금신부>, 베트남에서 이주한 농촌 신부를 등장시킨 KBS1의 <산 너머 남촌에는>, 카자흐스탄 출신 이주여성을 등장시킨 KBS1의 <미우나 고우나>가 대표적이다. 이외에도 KBS의 드라마시티 <바람이 분다>는 베트남 출신 여성을 주인공으로 등장시켜 그에 관한 이야기를 중심적으로 다루기도 했다. <황금신부>는 시청률 30%를 기록하며 종영했으며, <미우나 고우나> 또한 시청률 1위를 놓치지 않았던 프로그램이다. 많은 시청자들에게 다문화 가정에 대한 이미지를 형성시키고 이들에 대한 사회적 태도를 보여주는 텔레비전 드라마들은 혈연주의 사회에서 이주여성뿐만 아니라 이들을 포함한 가족을 어떻게 받아들이고 이해할까라는 문제를 중재하고 협상하는 장이 되기도 한다.

텔레비전 드라마는 인물을 중심으로 이야기를 전개하고 가족을 주요 배경으로 하기 때문에, 그 주제가 가족에 관한 것을 다루는지의 여부와 관계없이 늘 가족에 대한 규범뿐만 아니라 가족과 그에 속한 개인에 대해서도 정상과 비정상을 규정하는 역할을 해왔다(김훈순·김명혜, 1996). 이주여성에 대한 다양한 분야의 연구가 진행되고 있고, 이들에 대한 미디어의 재현이나 담론 또한 탐구의 대상으로 등장했으나, 가족 변화의 핵심인 결혼 이주와 관련하여 미디어의 담론이 어떠한 변화를 보이는지도 생각해볼 주제이다. 이주여성을 떠올릴 때 연상되는 '혼혈'이라는 말의 정치적 함의가 보여주듯 개인에 대한 문제뿐만 아니라 이들을 포함한 가족이 한국 사회에서 어떤 위치를 갖고 있는지, 이들과 관련된 규범이나 가치는 어떻게 변화하고 있는지 또한 탐구의 대상이 될 수 있다. 계급, 국적, 성별에서 주변부적인 위치에 있는 이주여성을 한국 사회에 편입시키는 대표적인 방식인 가족주의에 기초하여 가족의 구성원으로 받아들이는 과정에 작동하는 텔레비전 드라마의 재현 전략은 무엇인지도 탐구의 대상이 될 수 있다. 그동안 외국인 혹은 이주여성을 통해 국민과 민족 정체성에 대해 연구할 수 있었으며, 다문화 가정이라는 새로운 형태의 가족의 등장은 현대 한국 사회에서 가족의 정체성에 대해 성찰할 기회가 되고 있다.

　이주여성이 결혼을 통해 가족의 맥락에 위치하고 그것을 다루는 텔레비전 드라마 또한 가족을 매개로 한 이들의 한국 사회로의 편입에 초점을 두고 있기 때문에, 이주여성을 가족의 맥락에서 어떻게 재현하고 있고 이주여성을 매개로 형성된 가족관계에 어떠한 변화가 있는지 살펴보는 것은 의미 있는 일이다. 텔레비전 드라마에서 이주여성이 있는 다문화 가정이 재현되는 방식들을 탐구하여 가족관계 안에서 이주여성의 위치는 어떠한지, 이들이 편입된 다문화 가정에 대한 재현 방식은 어떠한 특성을 드러내는지, 그리고 이를 토대로 다문화 가정에 대한 사회적 태도는 어떠한지를 살펴보는 것도 의미가 있다. 또한 이들 드라마에서 이주여성을 매개로 형성된 가족관계의 양상이 어떻게 변화하고 있으며, 그 문화적 의미는 무엇인가에 대해서도 논의할 것이다.

　이 장에서는 텔레비전 드라마 <황금신부>, <산 너머 남촌에는>, <꽃 찾으러 왔단다>를 분석하여, 세 드라마를 통해 이주여성을 매개로 재현하는 가족의 모습에 작동하는 이데올로기는 무엇이며, 이들을 통해 재현된 가족관계와 규범은 현재 한국 사회의 물질적·사회적 조건과 어떻게 연관되는지 파악하고자 한다. 특히 가족관계 내에서 이주여성의 위치와 권력은 어떻게 재현되고 있으며, 이들이 가족의 맥락에서 관계를 맺는 방식의 특성

은 무엇인지를 살펴본다. 또한 이를 바탕으로 다문화 가족의 이미지와 이주
여성을 재현하는 방식에서 작동하는 가족 이데올로기는 현재 변화하는 가
족상과 어떠한 관계가 있는지를 논의해본다.

2. 다문화 가정과 가족주의의 정치

텔레비전 드라마는 가족의 변화를 보여주는 상징으로 이주여성을 포함
한 다문화 가정을 등장시키고 있다. 다문화 사회로 변화하는 방식 또한
텔레비전 등의 미디어를 통해 다양하게 재현되고 있지만, 이주여성이나
외국인에 대한 한국 사회의 담론은 특정한 방식으로 이들을 정형화하는
특성을 보인다(이경숙, 2006). 다문화 가정의 상징인 이주여성이 한국 국민
으로서 한국 사회에 편입되는 방식에도 가부장적 가족주의가 개입되는데,
대체로 이들 여성은 가족 구성원으로서 아내와 며느리의 위치를 차지한다.
가족을 중심으로 한 혈연적 전통의 한국 사회에서 순혈주의와 배치되는
것으로 여겨졌던 결혼 방식이 가족주의에 의해 용인되고 있다. 가족 중심적
가치체계인 가족주의는 삶의 기본단위를 개인이 아니라 가족집단으로 보
고, 모든 가치 또는 이해관계 판단에서 가족을 우선한다(박통희, 2004). 이주
여성의 편입 과정도 이주여성 개인보다는 가족을 삶의 기본단위로 이해관
계를 판단한다고 할 수 있다. 이주여성은 한국 사회의 순혈주의 이데올로기
와 배치되는데도 아내와 며느리라는 가족 내의 역할에 의해 사회적으로
거부되지 않는다. 가족주의는 가족이라는 집단에 대한 조직 형태, 태도,
규범 또는 이를 모두 포괄하는 신념체계로 가족집단의 결속을 중시한다.
가족주의의 본질은 가족의 목표를 성취하기 위해 개인의 활동을 통합시키
고, 가족 자산을 구성원 개개인에게 지원하고 협력하며 나아가 가족집단의

영속화에 기여하는 데 초점을 둔다. 또 그렇게 하는 것이 당연하거나 가치 있다고 믿으며, 이를 위해 가족 결속력을 강조한다(박통희, 2004).

이러한 가족주의는 개인보다는 가족을 우선하며 가족의 형태에서 '가족은 이러해야 한다'라는 가족의 규범이나 정상 가족을 가정하게 하지만, 가족에 대한 가치관이 특정 계급에 국한되지 않는 보편적 경험이라는 외양을 취하게 한다. 따라서 가족은 어느 정도 종교적 특성을 갖게 되고, 질서가 잡힌 가족생활을 통해 모든 사람이 구원을 얻을 수 있다는 신념을 낳는다. 이러한 가족의 전제들은 권위, 희생, 종속, 복종의 관념과 같은 불평등에 기반하고 있다(김미현, 2005). 이러한 가족주의는 가족에 대한 신화를 생산하고, 이러한 신화는 가족 구성원의 역할이나 규범을 생산하는 데에도 개입한다. 대표적인 가족 신화로는 전통 사회의 가족은 안정되고 조화로운 집단이었으리라는 신화, 정상 가족 또는 전형적 가족의 신화, 가족 구성원들은 공통의 욕구와 삶의 양식·경험을 공유하고 있으리라는 신화, 그리고 가족과 사회를 분리된 영역으로 이분화하는 것을 들 수 있다(함인희, 2002; 기틴스, 1997; 김선영, 2006에서 재인용).

이러한 가족주의와 가족 신화가 작동하는 현실에서 '다문화 가정'이라는 단일 범주 속의 이주여성은 '매 맞는 외국인 아내', '도망가는 아내', '순종적인 아내', '효심 가득한 며느리'로 재현되면서 이들 가정 내부에서의 문제뿐만 아니라 사회적 시선의 문제들을 드러내고 있다. 현실 생활에서 차별적 시선 때문에 어려움을 겪는 다문화 가정의 문제는 인종, 국가, 젠더, 계급 문제와 결합하면서도 가부장적 가족주의를 통한 사회 편입의 과정에서 은폐되고 있다.

이주여성의 한국 사회 편입에 다른 요인보다도 섹슈얼리티와 가족주의가 작동하는 것은 세계화 과정의 변화 속에서 가부장적 질서가 주변부 여성에게 강제되는 성향을 보여준다(이경숙, 2006). 국제결혼 가정의 핵심인

여성이주자는 결혼과 자녀의 출산을 통해 혈연에 기초한 가족주의에 부합하는 방식을 통해 적극적으로 수용되어 가부장적 가족 구성원으로 승인받게 된다. 그러나 이주여성이 결혼을 통해 한국 사회에 편입되거나 동화한다해도, '이산'의 경험 속에서 지속적으로 타자로서의 적응과 교섭, 배제 속에서 불안정한 상황에 처하게 된다(이수자, 2004). 이주자에 대한 차별적인 시선과 온정주의적 시선이 존재하며, 이러한 시선 때문에 다문화 가정의 자녀들 또한 학교 부적응 문제나 소외 문제 등을 겪고 있는 것으로 나타났다. 아버지의 나라에서 살아가는 다문화 가족의 자녀들은 "남성(아버지) 중심 사회에서 여성(어머니) 중심으로 사는 가족"들이다(김민정, 2007).

'다문화 가정'이라는 용어가 다양하고 변화된 모습의 가족이 출현했음을 보여주고 있음에도 여전히 부계 직계가족관계에 대한 인식이나 가족주의가 유효하다. 이수자(2004)는 외국인 아내들이 한국의 가부장적 문화에 수동적으로 편입되고 있고, 타자화되는 정도도 심하다고 지적한다. 김민정(2007)은 외국인 아내의 경험을 남편이나 시어머니의 경험과 병렬하여 분석하는 방식으로 지방 사회의 국제결혼 가족관계를 분석했다. 그리고 이를 통해 한국 사회가 핵가족화 되었지만, 가족관계에 대한 전통으로서 부계 직계가족관계에 대한 인식은 크게 변화하지 않았다고 주장한다. 이주여성들은 가족과 친족생활 적응에서 갈등을 겪는데, 이것은 문화적 차이가 중요한 원인이며 가족관계에 대한 가치관의 차이에 기인하기도 한다. 경제적 자립이 어려워 부모나 형제의 지원을 받아 결혼한 경우, 배우자 선정 과정에 부모의 영향력이 높아지는 경향이 생긴다. 부모의 도움을 받아 결혼한 경우, 결혼 생활에 시부모의 개입이 뒤따르고 결혼 이주여성들은 시어머니와의 갈등에 어려움을 겪게 된다. 특히 한국인 여성과 달리 이주여성이 겪는 고부갈등의 원인으로는 문화적 차이, 경제권을 갖지 못하고 어린아이 취급을 받는 것, '도망가는 며느리'와 같은 편견과 억압에 시달리는 것

등이 지적되고 있다. 가부장적 질서 속의 고부관계 외에 인종, 성, 국가, 문화적 요인이 추가된 갈등이다(한건수, 2006).

기틴스(1997)에 의하면, 단일한 가족 유형 하나만을 가정하면 계급, 젠더, 연령 등의 관점에서 볼 수 있는 중요한 차이를 부정하게 된다. 관계적이고 유동적인 입장에서 가족의 모습을 규명하고, 가족은 '심리적 실체'임과 동시에 '역사적 구성체'임을 인식해야 한다는 것이다. 현재 이주여성이 속한 가족의 모습을 다문화 가정이라는 단일 범주로 재현한 것은 가족 외부의 사회에서 바라보는 시선으로 규정된 것이다. 따라서 가족 자체의 문제보다 다문화 가정에 작용하는 가족 이데올로기를 더욱 심각하게 문제 삼아야 한다(김미현, 2005).

3. 텔레비전 드라마와 가족주의의 재현 전략

텔레비전 드라마는 가족을 주요 배경으로 이야기를 전개하며, 가족관계 이미지와 규범을 생산하는 주요 장르이다. 또한 가족을 배경으로 꾸준히 사회적 이슈를 만들고 사람들의 주목을 끄는데, 일탈적인 방식으로 가족 묘사를 극단화하여 가족의 형태와 규범에 대해 논란을 일으키기도 한다. 한편으로 텔레비전 드라마는 이상적인 가족상이나 정상적인 가족뿐만 아니라 변화하는 가족의 모습을 제시하며, 가족 이데올로기를 사회의 모든 수준에서 계속 이상화한다(김선영, 2006).

텔레비전 드라마를 통해 가족 이데올로기에 기초한 정상 가족의 모습이 반복적으로 제시되기도 하지만, 사회의 변화에 따라 핵가족은 물론 편모가족이나 사별가족이 늘어나면서 변화된 가족의 모습이 나타나고 있다(하종원, 2003). 가족의 성립과 파괴 등에서 나타나는 사랑, 갈등, 이혼, 재혼 등은 텔레비전 드라마의 주요 소재이며, 이를 통해 가족의 변화상이 동반하여 나타난다. 텔레비전 드라마에서 가족 생산의 계기인 결혼과 로맨스는 주요 모티브가 되고, 가족을 다루는 방식은 각 문화에 따라 차이가 있지만, 가족이 전체 사회의 구조 및 문화와 밀접히 관련되기 때문에 전체 사회 구조의 특성과 연관하여 해석할 수 있다.

리브즈와 리빙스턴(Liebes and Livingstone, 1998)은 숍 오페라(Soap Opera)에 나타나는 가족의 유형을 미국과 영국을 중심으로 비교하며 가족 내에서 관계를 맺는 방식에 따라 왕조적 모델, 공동체적 모델, 2인적 모델로 구분했다. 미국 사회는 개방적이고 개인주의적이며 계급 구조가 없는 것으로 파악하는 가운데 가족을 묘사하며, 미국의 드라마들은 로맨스에 초점을 두고 가족구조를 잠식하는 결혼과 로맨스의 두꺼운 망으로 복잡하게 얽히는 것으로 분석되었다. 이에 비해 영국은 가족들 간에 연계가 많고 공동체 안에 유기적 연대가 있는 것으로 분석되었다.

텔레비전 드라마에서 재현된 가족은 각 사회의 구조나 특성과 관련지어 해석되고, 각 사회가 중시하는 가치관이나 규범을 드러낸다. 가족에 대한 가치나 가족의 모습은 시대에 따라서 변화하고 있고, 현재에 나타나는 가족의 모습은 세계적 차원에서 나타나는 인구의 이동이나 이주의 변화와도 관련이 깊다. 이는 한국의 텔레비전 드라마가 성 규범과 가족의 정상성을 꾸준히 구성해내는 역할을 맡았고, 방송은 철저하게 건전한 가정 윤리와 가정의 중심성을 규정하는 성격을 갖고 있음을 보여준다(강명구·백미숙, 2007). 그동안 한국의 텔레비전 드라마와 가족에 대한 주제를 탐구한 연구들은 현재의 가족관계를 드라마가 충실히 재현하고 있는지, 가족의 해체나 위기를 지나치게 사회적 이슈로 부각시키는 것은 아닌지 등에 초점을 두었다(이은미, 1993; 김연종, 1996).

여성 재현에 대한 관심을 가족의 맥락에서 고찰한 연구들은 가족 내부의 모습들을 살펴보는 데 기여했다. 홍석경(1999)은 드라마 속에서 가족관계의 변화를 분석하여 가족 내부의 변화된 모습을 관찰하는데, 가족 드라마에서 나타나는 여성 재현의 경향을 크게 주부, 부부, 딸, 형제자매의 관계 속에서 살펴보면서, 특히 주부로서의 여성을 가족 내 여성의 지위, 주부와 여성, 여성 가부장, 일과 여성, 고부간의 갈등이라는 범주를 통해 분석했다(홍석경, 1999).

가족이나 결혼은 시대에 따라 변화하는 역사적 구성체이다. 최근의 텔레비전 드라마에서 재현된 여성의 위치는 가족관계 내에서 더 다양하고 복잡하게 그려지지만, 가정에만 머무르지 않고 가정과 사회생활을 배경으로 하여 표현되고 있다(김명혜·김훈순, 1996). 한국 근대화 초기에 가족의 단초로 새롭게 등장한 결혼은 삶을 성스럽고 아름답게 만드는 연애의 결과물이었다(최세은·옥선화, 2003).

담론적 실천으로서 가족의 사회적 의미는 국가와 시대마다 차이가 있으나 가족 신화에 기초한 가족주의는 여전히 공고하게 작동하고 있다. 가족에 대한 신념과 가치관은 여전히 가부장제 권력관계에 충실하고 여성에 대한 억압을 지속시키고 있다는 비판을 꾸준히 받아왔다(김명혜·김훈순, 1996). 가족관계 안에서도 지속되는 관계의 전형이 나타나는데, 아버지와 자녀의 관계보다 어머니와 자녀의 관계가 더욱 두드러진 갈등을 보인다. 특히 어머니와 딸이 핵심적인 갈등관계를 형성했다. 법률적 친족관계에서도 상당한 갈등관계가 나타났는데, 가장 두드러진 국면은 시대의 변화에도 불구하고 여전히 전통적인 갈등관계인 시어머니와 며느리의 관계에서 발견되었다(하종원, 2003). 가족관계 내에서 여성은 문제를 일으키는 등장인물로, 또 극중에서 지도받는 입장으로 그려지고 있다(이은진, 1991).

가정에서 여성의 이미지는 주로 가족질서를 중심으로 재현되는데, 기혼여성의 경우 아내, 어머니, 딸, 며느리의 역할에 대한 이미지 그리고 올케와 동서의 가족관계에서 나타나는 이미지들이 부각되고 있다(김명혜·김훈순,

1996). 황혜선(2002)의 연구에서도 진취적이고 적극적인 여성 주인공이 결혼을 통해 남성의 가족에 편입되어 대가족의 울타리로 들어가면서 그녀의 적극성과 진취성이 가족의 화합을 해치는 갈등적 요인으로 작용한다. 드라마 속의 갈등은 근본적으로 대가족의 구조와 이데올로기의 변화를 통해서가 아니라 주인공 여성의 진취적이고 적극적인 개성을 부정함으로써 해결된다. 남성 중심의 대가족 구조 속에서 여성의 전통적인 역할과 기대에 부합함으로써 갈등이 해소되는 것이다.

김수아 외(2007)는 담론적 실천의 층위에서 현실 사회의 변화와 관련지어 텔레비전이 재현한 가족과 가족의 담론이 현실에서 권력으로 작용하는 문제를 다루었다. 또한 한국과 중국 텔레비전 드라마의 가족관계 재현을 살펴본 결과 가족 간의 유대관계를 여전히 중시하고 있으며, 한국의 가족 드라마가 중국에 비해서 전통적인 가치 체계와 규범을 더 준수하려는 경향이 있다고 밝혔다. 한국이 중국에 비해 갈등의 소재로 가족을 더 많이 사용하고, 재현 방식에서 중국보다 뒤떨어진 남녀관계를 나타내고 있었다. 즉, 경제적 근대화나 서구화가 더 진전된 한국 사회가 가족관계에 대한 인식에서는 오히려 더 전통적인 성향을 보이고 있었다(김수아 외, 2007).

텔레비전 드라마는 가족을 주요 배경으로 하며 보수적이고 지배적인 가부장적 이데올로기를 대변하고 옹호하기도 하지만, 그에 저항하는 긴장과 갈등을 등장인물들의 행동 방식과 사고방식을 통해 제시함으로써 시대의 변화를 반영하기도 한다. 즉, 가족의 의미와 권력 구조가 변화하고 있음을 보여준다. 등장인물이 수직적 위계 구조가 아닌 수평적 평등관계 속에서 유사 가족을 이루는 텔레비전 드라마도 있다. 이것은 대안 가족의 모습을 재구성하는 것으로 볼 수 있다(조항제 외, 2008). 이처럼 가족 구성원의 개별적 욕구가 존중되고 그들의 선택이 반영될 수 있는 다양한 형태의 공동체적 삶이 가능한 열린 가족의 개념이 확대될 필요가 있다(김선영, 2006). 다문화 가정이라는 새로운 형태의 가족을 재현하는 방식에서 문화적 차이에 기초한 새로운 가족상이나 대안적 가족의 재현 전략이 인종, 젠더, 계급에 기초하여 가부장적 가족주의와 갈등을 일으키거나 이 질서에 적극적으로 부응할 수 있다.

새로운 가족 형태로 등장한 다문화 가정이라는 범주는 이주여성을 편입시키고 수용하는 과정에서 지배적 규범에 균열을 가져올 수 있지만, 기존의 질서와 협상을 벌일 수도 있다. 공적 미디어를 통해 타자성을 재현하는 방식은 기존 질서와 배치되기보다는 지배적 담론에 부합하기 위한 전략을 활용하는 것이다. 미디어를 통해 재현되는 타자성은 지배적 담론과 갈등하거나 저항하기보다 이에 부응하는 방식으로 상품화되어 자연스러운 것으로 받아들여진다. 즉, 그 방식은 그 사회의 지배적 집단이나 가치에 위협적이지 않은 방식으로 '타자성'을 상품화하고 재현하는 것이다. 타자성을 상품화하면서도 위협적이지 않도록 은폐하는 재현 방식은 지배적 담론에 종속되는 방식을 통해서 이루어지며(Rivero, 2002), 젠더와 계급이라는 요인에 주목하여 현실을 재현하기보다 가부장적 가족주의라는 지배적 담론에 부응하여 새로운 요소들을 적극적으로 편입시키는 전략이다.

4. 텔레비전 드라마의 다문화 가정 분석

1) 결혼 이주와 부계 질서로의 편입

한국의 드라마가 주로 부계 중심의 확대가족을 묘사하고 있는 것처럼 <황금신부>에서 이주여성인 진주가 속한 다문화 가정 또한 시부모와 아들 부부가 함께 거주하는 부계 중심의 확대가족 형태를 보이고, 각 등장인물들과 관련된 편모 가족들이 주요 배경이 된다. 가족을 이루는 결혼의 계기는 사랑이나 연애 때문이 아니라 각자 배우자가 필요하다는 사실 때문이다. 자신의 욕망이 직접적인 계기로 작용하지 않고, 아들 준우의 불행을 극복하려는 어머니 정한숙과 어머니 리엔 팜의 소망을 이루려는 진주에 의해 결혼이 이루어진다. 진주와 준우가 부부로서 가족을 이루는 계기가 일반적인 결혼의 계기인 사랑, 로맨스, 계층 상승, 가문의 결합 등의 요인이 아니라는 것이다. 이들의 결혼은 각자의 개인적 결핍과 사회적 소속의 불안정에서 기인한다.

삶의 욕구를 상실하거나 조국에서 인정받지 못하는 삶을 사는 주인공들은 어느 곳에도 소속되지 못하는 심리적 떠돌이들이다. 공황장애를 앓는 준우나 버림받은 라이따이한인 진주의 불안정한 위치에서 결혼은 본인의 욕망이나 꿈의 실현을 위한 것이 아니다. 결혼은 이들의 결핍을 해결하는 방법이자 가족의 결핍을 해결하는 방법이다. 준우는 가족으로부터 독립적으로 생활할 물질적·심리적 여건을 갖추지 못했고, 이러한 상황은 진주 부부의 결혼 생활에 다른 가족 구성원들이 긴밀히 관여하게 되는 요소로 작용한다. 어머니의 보살핌을 대신할 역할을 맡은 진주는 아내의 위치뿐만 아니라 남편을 정상적인 사회인으로 회복시키는 역할을 해야 하는 임무를 맡는다. 따라서 진주의 결혼 생활은 진주 개인의 것이 아니라 가족 모두의 것으로 공유된다. 남편인 준우가 지닌 결함은 인종, 사회경제적 위치가 다른 진주를 신부로 맞이하고 가족으로 받아들이는 데서 발생하는 모든 갈등을 극복하는 요소가 된다.

<산 너머 남촌에는>은 매회 이야기를 달리하는 전원 드라마로, 이주여성 하이옌의 결혼 이야기는 5회에 중점적으로 다루어진다. 이후의 에피소드에서 하이옌은 그녀가 속한 이장 집과 종갓집의 이야기들이 전개될 때 잠시 등장하며, 사건의 핵심적인 인물이기보다 동네에서 벌어지는 일들을

바라보는 관찰자적·참여자적 인물에 머물고 있다.

전원을 배경으로 하는 이 드라마는 종갓집 대가족, 자녀가 없는 딸 부부 옆에 사는 과부 양산댁 가족, 이혼 후 아이들만 데리고 귀농한 편부 가족 등 다양한 형태의 가족을 배경으로 하고 있다. 하이엔의 가족은 마을 이장인 홀시아버지 봉춘봉, 나이 많고 우직한 농부 남편 봉순호, 남편을 잃고 아들(봉현)을 데리고 돌아와 살림을 맡아 하는 마음씨 고운 손아래 동서(승주)가 함께 모여 사는 부계 중심의 확대가족이다. 손아래 동서인 승주는 종갓집의 딸이며, 이 두 집안은 사돈관계로 드라마의 전개에서 서로 왕래가 잦고 각 집안에서 일어나는 모든 일은 서로에게 긴밀하게 영향을 미친다. 또한 공동체를 형성하고 있는 이 마을에서 새로운 소식이나 옆집의 일은 모두의 일로 여겨지고 있다.

예쁘고 어린 베트남 신부 하이엔은 남편인 순호를 '오빠'라고 부르며, 아내로서 며느리로서 해야 할 모든 책무로부터 자유롭다. 남편은 베트남에서 온 어린 신부이니 아무것도 할 줄 모른다며 모든 일을 손아래 동서에게 미룬다. 하이엔은 독립적으로 생활하기보다 동서와 남편에게 의존하여 생활하고, 가사 노동이나 부부관계에서의 역할이 모두 낯설거나 익숙하지 않아 아이 취급을 받으며, 작은 실수나 잘못은 대체로 이해받는다. 하이엔의 손아래 동서는 집안 살림을 도맡아 해왔으며 나이도 훨씬 많다. 하이엔은 언니나 시어머니처럼 동서에게 의지하며 언어와 살림을 배운다. 그녀는 가족들의 삶에 적극적으로 개입하여 가족 구성원으로서의 역할을 하기보다는 순호의 아내로서 존재할 뿐이다.

이들의 결혼은 순호의 희망과 선택에 의한 것이지만, 이는 한국 여성으로부터 외면당한 노총각이 어쩔 수 없이 선택한 대안이다. 하이엔에게 아내라는 위치는 다른 모든 역할보다 우선하며 농촌 총각과 결혼했다는 이유로 가족질서로 편입하는 데는 아무런 문제가 없었지만, 독립된 인격체로서 가족 내에서 손위 동서로서 권력을 지니거나 가족의 질서를 변화시킬 수 있는 존재로 재현되지 않는다. 하이옌은 가족질서 안에서 갈등을 유발하기보다는 그 안에서 평안한 존재이며, 아이처럼 작은 문제를 일으키지만 가족의 질서를 위협할 수 있는 위치는 아니다. 따라서 하이옌은 아내로서 남편에게 필요한 사람이자 가부장적 질서 유지와 안정적인 결혼의 유지를 위해 필요한 존재이다. 철없는 아내, 철없는 동서, 철없는 며느리지만 이들 모두를 용인하는 것은 노총각의 아내이기 때문이며 남편인 순호의 무조건적인 사랑에 의해서이다. 또한 손아래 동서가 어린 손위 동서를 아이처럼 보살피되 깍듯이 대하는 것은 가부장적 가족질서를 철저히 내면화했기 때문이며, 마을 공동체에서도 이를 규범으로 여기고 있기 때문이다.

<꽃 찾으러 왔단다>는 멜로드라마로 이주여성인 란은 여주인공 나하나의 이웃집 친구로 등장한다. 베트남 신부 란은, 외톨이로 자란 장의사집 딸로 사회적 소통에 어려움이 있는 하나가 독백의 상대처럼 가까이 다가가 말할 수 있는 존재이다. 한국어에 서툴고 아이를 낳지 못한다는 이유로 남편에게 사랑받지 못하는 란과 외톨이 하나는 사회적 소통에 장애가 있는 외로운 사람이라는 점에서 서로 닮은꼴이다. 란은 남편과 사는 것으로 나오지만 남편과의 관계가 직접적으로 드러나지는 않는다. 그녀는 한국말이 서툴러서 손가락질을 받거나 오해를 받아도 자신을 변명할 수조차 없다. 란은 한국 사회에서 인정받지도 제대로 적응하지도 못하는 두려움과 불안에 떠는 존재로, 직접적으로 밝혀지지는 않았으나 남편이 대를 잇기 위해 그녀를 데려왔다는 것을 유추할 수 있다.

이들 드라마의 다문화 가정에서 이주여성은 아내의 역할을 제외한 다른 책무에서 비교적 자유롭기 때문에 가족 내 갈등은 고부갈등과 같은 관계에서 비롯되기보다 각자 주인공들이 지닌 차이나 결핍, 즉 인종과 민족성의 열등함에서 기인한다. 이러한 결핍은 결혼을 성사시키는 요인이기 때문에

갈등의 주요인이 아니며, 이들의 갈등은 사회적 편견이나 오해와 같은 수준
에서 촉발되거나 해소될 수 있는 것들이다.

대부분의 가족 구성원이 이주여성을 받아들이는 방식은 차이에서 오는
포용이거나 아이 취급 또는 필요를 충족시키지 못할 때 배제하는 형태(<꽃
찾으러 왔단다>)의 갈등이다. 가족을 이루는 계기인 이주의 원인이 가족의
유지와 관계에도 중심적으로 작용하고 있고, 이러한 원인은 개인적 필요를
위한 것이기도 하지만 가족의 필요를 충족시키기 위한 것이기에, 이주를
통한 갈등은 아내라는 역할에 의해 모두 해소될 수 있다. 이러한 위치에서
이들이 가족을 이루는 방식은 남편의 질서로의 편입이며, 가족관계에서도
남편의 가족질서에 순응하게 된다. 이들의 도구적인 결혼은 결혼의 계기로
써 이주여성을 필요로 했던 가족 내 역할을 강조할 뿐이며, 그 외의 다른
역할이나 사회적 위치는 부각되지 않는다.

앞서 언급한 드라마에서 진주는 남편을 정상인으로 회복시키는 조력자,
하이옌은 노총각의 아내, 란은 아이를 낳아줄 사람으로 각자의 가족 구성원
으로서의 역할을 부여받는다. 이 과정에서 이주여성을 재현하는 방식에는
탈권력화 전략(disempowerment)이 적용되고, 스스로 권력을 지니기를 포기
하거나 권력과 관계없는 인물로 재현된다. 가부장적 질서에 순응하는 형태
를 보이는 이주여성들은 타인과 순정적이고 이타적인 인간관계를 유지하
기 위해 극중에서 여러 가지 어려움을 겪지만 궁극적으로 보상받거나 주인
공에게 사랑받는 존재이다(김훈순·김명혜, 1996).

2) 대리적 모성애와 정서적 가족

텔레비전 드라마에 등장하는 일반적인 어머니는 혈연에 기초한 헌신적이
고 희생적인 모성애로 자녀의 삶에 일일이 개입하고 맹목적으로 자녀의 행복

을 추구한다. 이와 대조적으로 텔레비전 드라마에서 모국의 혈연관계를 모두 떠난 이주여성들은 각각의 관계 맥락에서 가족이나 친구를 통한 친밀관계를 통해 어머니 대리자로서의 후견인 역할을 할 수 있는 관계들을 형성한다.

젊은 시절 모든 것을 빼앗긴 <황금신부>의 준우 어머니 정한숙은 '새끼를 위해서라면 무엇이라도 할 수 있다'고 말할 정도로 자녀들을 통해 자신의 꿈을 회복하고 삶을 온전하게 성취하려는 데 맹목적이다. 정한숙은 공황장애를 앓는 아들을 치료하기 위해 땀에 젖도록 절을 올리며 부처님께 기도하고, 베트남까지 가서 신부를 구해온다. 또 남편보다는 자식과의 관계를 우선시하는 양옥경 등 <황금신부>에서 나타나는 한국의 어머니와 자식의 관계는 절대적이며 헌신적이고 희생적이다.

자녀의 로맨스와 결혼에 개입하거나 조언자와 해결사 역할을 하는 한국의 어머니들이 촉발하는 갈등이 이야기를 이끄는 동력이 된다면, 이주여성에게는 갈등을 촉발하는 관계보다는 정서적으로 유대관계를 형성하는 모성애적 친밀관계가 더 중요하다. 드라마에서 모국과 친정의 가족관계로부터 단절된 이주여성들은 시어머니, 남편, 친구 등과 모성애적 친밀관계를 형성한다. 남편이지만 어머니의 역할을 하거나 친구가 어머니의 역할을 하고 시어머니가 어머니처럼 이주여성을 돌보는 역할을 한다.

<꽃 찾으러 왔단다>에서 하나는 란을 어머니처럼 돌보고 걱정하며, 어려움으로부터 지켜주려 한다. 란은 자신의 이야기를 할 수 있는 통로이자 상담자로 하나와 관계를 맺는다. 하나는 란의 세상이자 정서적 의지처이다. 이러한 모성애적 돌봄에 기초한 우정은 <황금신부>에 등장하는 어머니들이 자식의 행복과 성공을 위해 맹목적으로 헌신하고 자식을 자신의 욕망을 대리해서 실현하는 존재로 여기는 모습과 대비된다. 어머니와 자식의 맹목적인 관계가 아니라 정서적 유대관계에 기초한 돌봄의 형태가 나타나는 정서적 가족은 외롭고 미숙한 사회인인 이주여성들에게 어머니의 대리자 역할을 한다. <산 너머

남촌에는>에서 하이옌의 손아래 동서 승주는 어머니처럼 하이옌을 보살펴주고, 남편은 아버지처럼 정서적으로 돌봐주고 사랑해준다.

남성은 고정된 자아경계를 갖고 정서적으로 자기 완결적인 경향이 있는 반면, 여성은 상호의존적이어서 자기 자신을 타자와의 관계 속에서 정의하는 경향이 있다(배리 쏘온, 1991). 이주여성들은 자기 자신의 위치를 가족관계 속에서 공고히 하려 하고, 결핍되고 불안정한 존재의 위치를 보완해줄 어머니와 같은 후견인의 존재를 필요로 한다.

이러한 정서적 관계는 식구들의 모습을 가장 잘 보여주는 식사 장면이나 식탁을 묘사하는 것에서 잘 드러난다. 이주여성은 낮은 사회경제적 위치와 이주로 인한 불안정성을 가진다. 이 때문에 이주여성이 속한 다문화 가정을 화려함보다는 따뜻함이 넘치는 온전하고 정상적인 가족으로 묘사하고자 즐겁게 식사할 수 있는 정서적 가족으로 재현한다는 것이다. 다문화 가정의 정서적 가족을 유지하는 축은 어머니이거나 어머니 대리자의 헌신에 의해서이다.

<황금신부>의 진주네 식탁은 준우의 전 약혼녀인 지영이네 식탁과 비교하여 따뜻하고 정이 넘치며, 헌신적인 시어머니의 정성이 가득한 맛있는 음식이 있고, 늘 웃음이 피어나는 식탁이다. 헌신적이고 영리하며 노력하는 며느리에 대한 사랑과 아들과 결혼해준 것에 대한 고마움을 표현하는 시어머니와의 갈등은 상상할 수 없다. 진주는 시아버지, 시어머니, 시누이 모두에게 지지를 받고, 이들은 진주의 마음을 보살펴주려고 한다. 정서적 유대를 통해 친밀한 가족관계를 형성한 이주여성의 소박하고 정겨운 삶의 모습은 불신과 자신의 욕망을 실현하는 데 충실한 지영의 화려하고 깔끔하게 정돈된 식탁과 대조적이다.

<산 너머 남촌에는>은 나이 많은 손아래 동서가 준비한 맛있는 밥상에 둘러앉아 정겹게 식사하는 가족이 재현된다. 이는 시어머니를 대리해서

어머니 역할을 하는 동서가 준비한 밥상으로 인해 사랑과 정이 넘치는 정상적인 가족을 의미한다. 다문화 가정이라고 할 수 있는 이주여성이 속한 가족의 사회적 위치는 작은 떡 공장인 소망식품을 운영하는 소시민이며, 경제적으로 안정적이지만 부유하지는 않은 농촌 이장 집이다.

<꽃 찾으러 왔단다>에서 란의 사회경제적 위치는 그녀가 살고 있는 허름한 집의 모습과 신분을 알 수 없는 남편을 통해 유추할 수 있다. 춘천의 소박한 동네에 살고 있는 란의 집은 문이 굳게 닫혀 있지만, 그녀의 친구가 사는 골목길에서는 따스한 불빛이 새어나온다. 란은 남편에게 거부당하고 외톨이 하나와 가족적인 관계를 맺는다. 그녀의 존재를 비추는 카메라는 그녀의 집안으로 들어가지 못하고, 그녀의 공간은 하나와 만나는 길이거나 공원이다. 란의 식탁은 임신을 축하하기 위해 하나와 그녀의 친구들이 함께 소풍을 가서 둘러앉아 행복을 느끼는 장면에서 유일하게 등장한다. 란에게 가족과 같은 존재는 남편이 아니라 하나이다. 모성애적 우정을 보여주는 하나와의 관계에서 그녀의 소풍은 정서적으로 안정감과 행복을 느낄 수 있는 식탁으로 재현된다. 란은 김밥을 손수 정성스럽게 싸 와서 친구에게 먹여주고, 하나는 월남쌈을 준비해 란에게 먹여준다. 소박하고 정이 넘치는 란에게 하나는 함께 행복한 식사를 할 수 있는 유일한 가족이다.

이들 드라마에서 다문화 가정은 남편의 가족질서 속에서 모성애적 헌신 관계를 형성하며, 정서적 유대관계를 맺고 있는 또 다른 상상된 공동체로서의 가족이다. 다문화 가정은 결핍의 요소를 지닌 등장인물들이 서로를 위로하고 이들과 연대하는 정서적 가족으로 재현된다. 다문화 가정은 가족 구성원의 고통이나 결핍을 해결할 수 있는 창구이며, 개인의 결핍이나 고통은 가족 구성원의 정서적 유대를 통해 극복될 수 있는 것으로 나타난다.

세 드라마 모두 이주여성에게 정서적으로 모성애적 관계를 형성하는 인물들이 등장하며, 이들은 어머니처럼 이주여성을 돌보거나 감싸주고 지

<표 1-1> 정서적 모성애 관계의 형성

〈황금신부〉	〈산 너머 남촌에는〉	〈꽃 찾으러 왔단다〉
진주-시어머니 (모성애적 관계), 진주-남편 (결핍을 극복하는 조력자 관계)	하이옌-봉순호 (아버지 역할을 하는 부부 관계)	란-하나 (모성적 친구관계)

지하는 역할을 한다. 이러한 관계가 구체적으로 재현되는 방식은 이주여성을 아이 취급하는 방식과 유사하지만, 우호적인 관계에서 나타나는 가족 구성원 간의 행위이다. <황금신부>의 진주에게 시어머니는 어머니의 역할을 하며, 그녀의 남편은 그녀에게 헌신적이고 자애롭다. 물론 진주 또한 시집 식구 모두에게 헌신적이며 친밀한 관계를 유지하고, 그녀의 사소한 실수는 모두 용납되거나 웃음을 주는 요소가 된다. 이주여성들은 사회에서 공적인 역할을 부여받거나 사회로 진출하기보다 가족이나 사적인 영역에서 정서적인 유대관계와 돌봄에 기초한 관계를 유지하고 어머니와 같은 대리자의 보호를 받는 인물로 재현된다.

3) 아내의 불안정한 위치와 탈권력화

이주의 원인과 계기가 모두 불안정한 개인의 위치에서 출발하는 다문화 가정에서 부부관계는 불안정하게 시작된다. 세 드라마 모두 부부관계의 불안정성을 공통적으로 보여준다. 사진을 보고 계약 결혼한 진주와 준우는 서로 사랑하지 않으면서도 부부가 되었다. 실연의 상처로 공황장애를 앓는 준우는 어머니의 강압에 의해 결혼했으며, 자신은 결혼해서 정상적으로 살아갈 사람이 못 된다고 생각한다. 진주는 아버지를 찾기 위해 영주권을 얻기까지 결혼한 척하며 지내려 했지만 가족을 속이기 싫어 사실을 밝히고 돌아가려고 한다. 그러나 자신이 준우를 사랑하고 있음을 깨닫고 공항에서 돌아온다. 준우에 대한 사랑을 깨달은 진주는 준우의 병을 고치기 위해 온갖 고생을 마다하지 않고 그를 돌본다.

국적과 문화가 다른 경계인인 진주는 남편의 거부로 인해 남편보다는 그의 가족들과 먼저 관계를 맺게 된다. 아버지 국가의 질서 속으로 이주한 그녀는 남편과 한방에서 생활하지만 실질적인 부부관계를 맺지 못한 채 남편의 가족질서로 편입된다. 한국인 아버지로 인해 베트남에서도 인정받지 못했던 진주는 어디에서도 편안할 수 없는 경계인이며, 이러한 그녀의 위치는 정상적인 생활을 할 수 없는 남편과 결혼함으로써 더욱 불안정해진다. 남편의 병을 고치기 위해 헌신하는 존재인 그녀에게 시집 식구들과의 갈등은 있을 수 없는 일인데, 진주만이 시어머니의 소망인 준우의 병을 고칠 수 있는 마지막 희망이기에 진주는 준우의 거부에도 불구하고 온갖 정성을 들여 사람들 속으로 준우를 데려간다. 베트남에서의 진주는 생활력이 강하고 효심이 깊은 딸이었으며, 한국에서의 진주는 헌신적이며 모든 역경에 굴하지 않고 적극적이지만 순종적인 아내로서 자신과 남편의 불안정한 위치를 극복해간다. 조신하고 살림만 하는 과거 신부의 모습이 적극적이고 살림도 잘하며 매력적인 여성으로 변화하고 있다.

<산 너머 남촌에는>의 순호 또한 베트남에 가서 3일 만에 결혼을 하고 신부를 맞이한다. 그는 자신의 신부가 도망갈까 불안해하며 선녀와 나무꾼의 꿈을 꾸고, 심지어 아내의 여권을 숨기기도 한다. 순호는 이장 집 큰아들로 영리하거나 세련되지는 않았지만, 사과 농사에 성공해 작목반 반장을 하며 알뜰하게 생활하는 우직한 시골 노총각이다. 그는 "색시를 데리러 간다. 베트남 색시 데려오나 보다"라는 말을 듣기도 하고, 친구들은 열네 살이나 어린 신부를 데려온 그를 놀려댄다. 순호에게는 선녀와 나무꾼의 신화가 작동하며, 예쁘고 귀여운 아내가 언제 떠나갈지 모른다는 불안감이

존재한다. 도망가는 베트남 아내에 대한 동네 사람들의 수군거림은 순호와 그의 가족들에게 근심거리이다. 남편에게 의존적인 하이옌은 사랑받는 아내, 순종적이고 아이처럼 귀여운 아내의 모습을 보여준다. 순호는 하이옌의 여권이 없어지자 그녀가 도망간 줄 알고 슬퍼한다. 그러나 하이옌이 베트남의 병든 어머니를 위해 돈을 마련하려고 집을 뛰쳐나가 술집에 고용되어 고초를 겪는다는 것을 알고 그녀를 구출한다. 이주여성의 계급적 위치와 문화적 차이는 이들의 아내로서의 위치뿐만 아니라 사회인으로서의 위치에서도 매우 불안정하게 재현된다.

전형적인 베트남 신부로 재현되는 하이옌은 각 에피소드의 주인공이 아니기에, 일하는 집안 식구들이나 동네 사람들에게 주스를 대접하는 장면 혹은 가족들과 식사하는 장면에 등장해서 시아버지나 다른 사람들의 행동을 지켜보고 반응하는 역할을 한다. 하이옌은 어눌한 말투와 잘못된 언어 표현으로 웃음을 자아내는데, 이를테면 조카에게 "바람 많이 피워서 연 잘 날아요"라고 말해서 어린아이 취급을 받거나 김장하는 장면에서 맛을 보고 매워하자 주위 사람들이 우스워하며 놀리는 식이다. 드라마 속에 재현된 베트남 신부는 모든 면에서 익숙하지 않고, 언어적으로 미숙하며, 벌어지는 일들을 바라보는 주변인의 위치에 있다.

이주여성의 불안정한 위치는 '아이 취급'과 '낭만화' 방식으로 나타난다. 가족 구성원으로서 지닌 다양한 책무로부터 자유롭고, 한국의 부모 자식 간의 규범에서도 자유로운 이주여성은 가족관계 내에서 서툰 모습이 이해되거나 수용되고, 오히려 그것이 재미를 위해 부각된다. 이주여성이 가족 내에서 차지하는 위치는 보호받을 대상이거나 가족과 친구들에게 보살핌을 받는 존재로서, 사건을 이끄는 존재이기보다 사건을 구경하는 존재이다.

<꽃 찾으러 왔단다>의 란은 아이를 원하는 남편에게 아이를 낳아주지 못해 사랑받지 못한다. 남편에게 그녀는 아이를 위해 필요한 존재이며, 드라

마에서 그의 존재는 크게 부각되지 않는다. 이웃들에게도 그녀는 베트남에서 아이를 낳기 위해 온 신부일 뿐이며, "베트남 신부여. 베트남에서 왔어"라는 말을 듣는다. 베트남 아내라는 말은 가족 내에서의 위치뿐만 아니라 그녀들의 사회적 지위를 규정하는 역할을 한다. 이는 란과 하나가 '베트남 신부와 결혼하세요 후불제……'라고 쓰여 있는 플래카드를 떼어내는 행동에서도 나타나는데, 이것이 그녀들을 억압적으로 위치 짓는 말임을 보여준다. 란은 이웃 사람들로부터 아이를 낳지 못해 남편에게 구박받더니 아이를 훔치려고 한다는 오해를 받지만, "미안해요, 잘못했어요"라는 말밖에 하지 못하고 죄를 시인하는 상황에 몰리는 가여운 여인으로 재현된다.

　이런 란을 보는, 드라마에 등장한 한국인의 시선은 "한국에 왔으면 한국말 좀 배우지", "아이 훔치려는 베트남 여자" 등의 말에 함축적으로 묘사된다. 란은 아이를 낳지 못해 남편에게 사랑받지 못하는 베트남 신부이기 때문에 이로 인해 주변 사람들에게 손가락질을 받는다. 남편은 경찰서에 잡혀간 란을 유치장에 넣든지 말든지 마음대로 하라고 한다. 남편은 란이 임신했다는 소식과 함께 집으로 돌아오는 장면과 병원에서 수술하는 장면에 유일하게 등장하며, 란에게 남편은 아이를 필요로 하는 존재일 뿐 정서적으로 의지하거나 위로가 되는 사람은 아니다. 이주여성은 남편에 의해, 가족에 의해, 이웃에 의해 아내로서 받아들여질 때 안정되며, 그렇지 못할 경우 남편에 의해 배제되거나 주변 이웃들에게 낙인을 찍히는 전략이 가동되고 있다.

5. 결론

　지금까지 이주여성이라는 계급, 국적, 성별에서 주변부적인 위치의 여성

을 한국 사회에 편입시키는 대표적인 방식인 가족주의에 기초하여 가족의
구성원으로 받아들이는 방식에 작동하는 텔레비전 드라마의 재현 전략을
살펴보았다. 그동안 이주여성은 사회의 변화를 상징하며 성찰의 기회를
제공했지만, 미디어를 통해 재현된 가족의 맥락에서 이주여성을 살펴보는
시도는 부족했다. 이주, 가족, 여성은 별개의 문제가 아닌데도 함께 고려하
지 못했다는 것이다. 일일드라마를 포함한 다수의 텔레비전 드라마에서
이주여성들을 재현하기 시작하여 가족의 맥락에서 이주여성에 대한 이미
지와 규범이 형성되고 있다. 따라서 텔레비전 드라마에서 이주여성이 위치
한 다문화 가정이 재현되는 방식을 탐구하여 가족관계 안에서 이주여성의
위치는 어떠한지, 이들이 편입된 다문화 가정에 대한 재현 방식은 어떠한
특성을 드러내는지, 그리고 이를 토대로 다문화 가정에 대한 사회적 태도는
어떠한지를 살펴보았다.

　텔레비전 드라마에서 이주여성은 결혼을 계기로 남편의 부계 가족질서
로 편입되고, 이들 가족질서의 규범에 순응하는 것으로 재현되었다. 이들이
가족을 이루는 계기는 일반적인 결혼의 계기인 사랑, 로맨스, 계층 상승,
가문의 결합 등의 요인이 아니며 각자의 개인적 결핍과 사회적 소속의
불안정에서 기인한다. 이러한 상황에서 인종이나 계층의 문제는 은폐되고
아내로서의 위치만이 부각되며, 아내의 위치는 남편과의 관계에서 성립된
다. 이들이 지닌 결핍은 이주의 원인이 되기 때문에 가족 갈등을 유발하는
문제가 되지 않으며 아내가 됨으로써 이해받는다. 이들은 문화적 차이와
이주에서 오는 미숙함 때문에 아내나 며느리의 책무에서 자유로운 존재로
재현되며, 이들의 사소한 실수나 잘못은 아이처럼 취급하는 방식으로 이해
받는다.

　고향의 가족과 떨어진 이주여성은 남편의 나라에서 남편, 시어머니, 친
구 등과 대리적 모성애 관계를 형성하고, 후견인 역할을 하는 존재의 보살

핌을 받는다. 이는 이주여성을 아이 취급하거나 아내의 역할을 부각시키는 데에서 오는 관계 설정이기도 하다. 사회경제적 지위가 낮은 다문화 가정은 정서적으로 유대관계를 형성하는 정서적 가족으로 재현된다. 이들 드라마에서 다문화 가정은 남편의 가족질서 속에 모성애적 헌신관계를 형성하며, 정서적 유대관계를 맺고 있는 또 다른 공동체로서의 상상된 가족이다. 다문화 가정은 자신의 욕망을 실현하기 위한 수단으로 자식과 관계를 맺는 모성애와 대조적으로 결핍된 존재들을 위로해주고 연대하는 정서적 가족으로 재현된다. 다문화 가정은 가족 구성원의 고통이나 결핍을 해결할 수 있는 창구이며, 개인의 결핍이나 고통은 가족 구성원의 정서적 유대를 통해 극복될 수 있는 것으로 재현된다.

아내의 위치에 의해 다른 사회적 역할은 은폐되지만, 아내로서의 위치 또한 불안정한 관계에서 시작된다. 이주여성의 불안정한 위치는 가족과 이웃에게 '아이 취급'을 당하거나 아내와 며느리의 책무에서 자유로운 소녀와 같은 존재로 '낭만화'하는 방식으로 나타난다. 한국의 부모 자식 간의 규범에서도 자유로운 이주여성은 가족관계 내에서 서툰 모습이 이해되거나 수용되고, 그것이 재미를 위해 부각되기도 한다. 이주여성은 보호받을 대상이거나 가족과 친구들에게 보살핌을 받는 존재로서 사건을 이끄는 존재이기보다 사건을 구경하는 존재이다.

이주여성은 다문화 가정에서 남편의 질서로 편입된 아이처럼 돌보거나 보살펴야 할 사회적으로 불안정한 위치로 재현되고, 그들은 결혼 이주자 여성의 범주에 속하며 다른 역할은 두드러지지 않는다. 이들에 대한 재현은 개성을 지닌 사회인보다 아내로서의 위치가 강조되며, 이주의 계기나 욕망을 실현하려는 개인의 목표는 아내의 역할에 의해 은폐된 채 순종적이고 헌신적인 아내의 모습을 더 부각시킨다. 이주여성은 남편의 가족질서로 편입되지 못할 경우 이 땅에 존재하기 어려운 불안정한 존재이다. 따라서 텔레비전 드라마에서 이주여성을 재현하는 전략은 남편의 가족질서로 이들을 편입시켜 정서적 가족을 이루고 가족과 이웃으로부터 돌봄과 이해를 받으며 가족 규범에 순응하게 하는 것이다.

참고문헌 _____

강명구·백미숙. 2007. 「'순결한 가정'과 건전한 성윤리: 텔레비전 드라마 성 표현
　　규제에 대한 문화사적 접근」. ≪한국방송학보≫, 21권 1호, 138~181쪽.
기틴스, 다이애너(Diana Gittins). 1997. 『가족은 없다』. 안호용·김흥주·배선희 옮
　　김. 일신사.
김경일. 1999. 『한국 근대사회의 형성에서 전통과 근대: 가족과 여성 관념을 중심
　　으로』. 한국사회사학회.
김명혜. 2008. 「황금신부」. ≪프로그램 / 텍스트≫, 17호.
김명혜·김훈순. 1996a. 「여성 이미지의 정치적 함의: 텔레비전 드라마를 중심으로」.
　　≪한국언론학보≫, 38호, 203~248쪽.
_____. 1996b. 「텔레비전 드라마의 가부장적 서사 전략」. ≪언론과 사회≫, 12
　　호, 6~50쪽.
김미현. 2005. 「가족 이데올로기의 종언: 1990년대 이후 소설에 나타난 탈가족주의」.
　　≪여성문학연구≫, 13호, 138~166쪽.
김민정. 2007a. 「국제결혼 가족과 '혼혈' 자녀의 성장」, 「'여러 종류의' 한국인이
　　가족으로 사는 법 79-95」. 에스닉과 다문화주의 인류학, 한국문화인류학
　　회 정기학술대회 발표집.
_____. 2007b. 「한국 가족의 변화와 지방 사회의 필리핀 아내」. ≪페미니즘 연구≫,
　　7권 2호, 213~248쪽.
김선영. 2006. 「가족 이미지를 차용한 텔레비전 광고 분석」. ≪가족과 문화≫,
　　18집 1호, 83~116쪽.
김수아·강명구·우위지에 차이판. 2007. 「가족관계의 변이: 한·중 텔레비전 드라마
　　에 나타난 가족관계의 재현」. ≪방송연구≫, 겨울호, 143~173쪽.
박준규. 2003. 「텔레비전 드라마 '겨울연가'와 디아스포라적 정체성」. ≪한국문화
　　인류학≫, 36-1호, 219~245쪽.
박통희. 2004. 「가족주의 개념의 분할과 경험적 검토: 가족주의, 가족 이기주의,
　　의사 가족주의」. ≪가족과 문화≫, 16집 2호, 93~125쪽.
쏘온, 배리·매릴린 얄롬(Barrie Thorne and Marilyn Yalom). 1991. 『페미니즘의

시각에서 본 가족』. 권오주 외 옮김. 도서출판 한울.

안호용·김홍주. 2000. 「한국 가족 변화의 사회적 의미」. ≪한국 사회≫, 3권 1호, 89~132쪽.

양철호·김영자·손순용·양선화·신봉관·조지현. 2003. 「외국인 주부의 인권과 복지에 관한 연구」. ≪사회복지정책≫, 16호, 127~149쪽.

이경숙. 2006. 「혼종적 리얼리티 프로그램에 포섭된 '이산인'의 정체성: <러브 인 아시아>의 텍스트 분석」. ≪한국방송학보≫, 20-3호, 239~276쪽.

이금연. 2003. 「이주여성의 결혼과 가족」. 성신여자대학교 한국여성연구소 2003년 추계학술대회 발표 논문(미간행), 21~38쪽.

이수자. 2004. 「이주여성 디아스포라: 국제 성별 분업, 문화 혼성성, 타자화와 섹슈얼리티」. ≪한국 사회학≫, 38-2호, 189~219쪽.

이은미. 1993. 「프라임 타임 드라마에 나타난 가족구조 분석」. ≪한국방송학보≫, 4권 1호, 167~184쪽.

임인숙. 2003. 「외도 영화에 재현된 여성의 욕구와 선택의 변화」. ≪가족과 문화≫, 15집 1호, 3~33쪽.

조항제·홍찬이·강승화·문소영. 2007. 「텔레비전 멜로드라마에서 나타나는 가족 표현의 변화: <하늘이시여>와 <굿바이 솔로>를 중심으로」. ≪한국방송학보≫, 21권 6호, 574~617쪽.

최세은·옥선화. 2003. 「<신여성>을 중심으로 본 신여성과 가족에 대한 담론」. ≪가족과 문화≫, 15집 1호, 53~75쪽.

하종원. 2003. 「텔레비전 일일연속극에 나타난 권력관계에 관한 연구」. ≪한국방송학보≫, 17-2호, 385~420쪽.

한건수. 2006. 「농촌 지역 결혼 이민자 여성의 가족생활과 갈등 및 적응」. ≪한국문화인류학≫, 39-1호, 195-243쪽.

함인희. 2002. 「한국 가족의 위기: 해체인가, 재구조화인가?」. ≪가족과 문화≫, 14집 3호, 163~184쪽.

홍석경. 1999. 「텔레비전 드라마가 재현하는 가족관계와 여성문제」. 김명혜·정기현·유세경 편, ≪대중매체와 성의 정치학≫, 171~207쪽.

황혜선. 2002. 「주말 TV드라마의 이야기 구조와 가부장적 이데올로기」. ≪여성이론≫, 여성문화이론연구소, 226~244쪽.

Durham, M. G. 2004. "Constructing the 'new ethnicities': Media, sexuality, and diaspora identity in the lives of South Asian immigrant girls." *Critical Studies in Media Communication*, Vol. 21, No. 2, pp. 140~161.

Giloy, P. 1997. "Diaspora and the detours of identity." in K. Woodward(ed.), *Identity and Difference*, London: Sage. pp. 299~343.

Hall, S. 1997. "The work of Representation." in S. Hall(ed.), *Representation: Cultural representations and signifying practices*, London: Sage. pp. 13~74.

Kaya, A. 2005. "Cultural reification in Circassian diaspora: Stereotypes, prejudices and ethnic relations." *Journal of Ethnic and Migration Studies*, Vol. 31, No. 1, pp. 129~149.

Liebes, Tamar and Sonia Livingstone. 1998. "European soap operas: The diversification of a genre." *European Journal of Communication*, Vol. 13, No. 2, pp. 147~180.

Pietikainen, S. and J. Hujanen. 2003. "At the crossroads of ethnicity, place and identity: Representations of northern people and regions in Finnish news discourse." *Media, Culture & Society*, Vol. 25, pp. 251~268.

Ray, K. 2003. "Constituting 'Asian women': Political representation, identity politics and local discourses of participation." *Ethnic and Racial Studies*, Vol. 26, No. 5, pp. 854~878.

Rivero, Y. M. 2002. "Erasing blackness: The media construction of 'race' in Mi Familia, the first Puerto Rican situation comedy with a black family." *Media, Culture & Society*, Vol. 24, pp. 481~497.

제2장 텔레비전 드라마가 재현한 가족과 가족관계: 한국, 중국, 일본, 대만의 사례 비교

강명구 (서울대학교 언론정보학과 교수)
김수아 (서울대학교 기초교육원 강의교수)
서주희 (인디애나대학교 동아시아학 석사과정)

1. 서론

이 연구는 한국, 중국, 일본, 대만 등 4개국의 동아시아 사회에서 재현되는 가족과 가족관계의 내용을 살펴보고, 각 사회에서 일어나는 가족구조의 맥락 변화를 고려할 때 이와 같은 재현이 갖는 문화적인 의미가 무엇인지를 밝히고자 하는 시도이다. 이를 위해 4개국 사회 드라마의 재현에서 드러난 공통점과 차이점을 중심으로 분석했다.

텔레비전 드라마는 한국에서 가장 사랑받는 대중문화의 형식 중 하나라고 볼 수 있는데, 다른 문화 생산물과 마찬가지로 가족이라는 상징현실을 구성하는 역할을 한다. 그리고 우리는 그러한 상징을 통해 나와 가족의 존재를 인식하며 특정한 방향으로 행동하고 실천한다. 텔레비전 드라마가 재현한 가족은 실재하지 않으면서 우리가 가족을 체험하는 상징적 공간을

* 이 장은 「동아시아 텔레비전 드라마가 재현한 가족과 가족 관계」, 《한국 언론학보》, 52권 6호(2008. 12)를 요약한 것이다.

제공한다. 이러한 점에서 텔레비전에 재현되는 가족의 의미가 무엇인지 살피는 것은 의미가 있다.

또한 이 연구는 한국, 중국, 일본, 대만 등 동아시아에 주목하고 있다. 이는 특히 기존의 사회제도, 재현, 담론 분석에 대한 연구들이 대체로 서구와 동아시아를 비교하는 방향으로 이루어짐으로써, 동아시아 내부의 학자들에 의해서 이루어지기보다는 연구의 출발, 문제의식, 이론적 틀 등이 서구의 인식관심(interests)에 기초했다는 반성에 기인한 것이다. 따라서 이 연구는 그동안 서구에서 쉽게 가정해왔던 것과 달리 동아시아의 유교주의적 가족, 가족 중심적 집단주의 문화 혹은 그러한 가치 지향에 대해 의문을 제기한다(예컨대 Zakaria, 1994; Moody, 1996; 조긍호, 2007). 가족주의가 경제 발전과 근대화의 원동력이었다는 연구, 서구와 동아시아의 가치 지향과 행동 양식이 개인주의와 집단주의로 대비된다는 연구 결과 등이 이와 관련된다(Kashima et al, 2006). 미국과 일본을 비교한 연구에서 전자는 개인주의적이고 후자는 집단주의적이라고 하면(Triandis, 1989), 많은 사람이 수긍할 것이다[1]. 그러나 일본인들 스스로는 누구보다 개인주의적이라고 생각하고, 여러 연구 결과가 그것을 보여주고 있다(Hofstede, 1980). 미국 사회와 비교해도 일본의 가족관계가 더 개인화되어 있다는 연구도 있다(Kim et al., 1994). 이러한 의문은 한두 개의 연구를 통해 대답할 수 있는 질문은 아니기 때문에, 더 세부적이고 구체적인 질문이 필요하다. 이러한 맥락에서 동아시아 텔레비전이 재현한 가족의 모습이라는 작은 질문(사실은 여전히 큰)을 제기하고자 했다.

---

1) 이 주장에 대해 반박하는 주장들도 동아시아가 유교 문화나 집단주의 문화를 공유하고 있다는 가정을 반박하는 것이 아니라, 유교와 근대화 혹은 사회 변동을 직접 연결시키는 이론적 가정을 반박했다고 할 수 있다.

　　마지막으로 이 연구는 동아시아 사회 안에 존재하는 가족(여기서는 상징적 현실로서 가족)들이 정말 같은 종류의 가족인가 하는 의문을 제기한다. 텔레비전 드라마를 통해 나타난 가족과 가족관계의 양상은 인상적인 수준에서 사뭇 다른 점이 많아 이들 사회의 가족 구성원들이 서로 유사한 가족관계 안에 살고 있다고 보기 어렵다. 이러한 가족관계의 변이들을 기존에 제시된 바와 같이 서구 대 아시아, 개인 대 집합이라는 축에서 단순한 도식으로 살필 수 있는 것인가?

　　이상의 세 가지 전제 위에서 이 연구는 4개국 텔레비전 드라마가 재현한 가족의 모습을 분석하고자 했다. 분석 대상으로는 2000년대 들어서 4개국에서 시청률 20위에 든 드라마 가운데 가족이나 가족관계가 주요 줄거리를 구성하는 드라마를 선정했다.

2. 기존 연구의 검토

1) 4개국의 사회 내 가족에 대한 인식 및 가족 가치관의 특성

　　흔히 동아시아의 유교적 가치관은 가족주의를 통해 드러나고 강화되는 것으로 간주되는 경향이 있다. 특히 한국의 경우 흔히 생각하는 것처럼 핵가족화가 가족의 해체 혹은 가족 기능의 약화와 직결되지 않는다. 가족의 사회적 기능의 수행은 여전히 중요하게 생각되고, 동시에 가족주의는 한국 사회의 가장 중요한 특징 중 하나로 간주된다(손승영, 2006). 가족주의가 여전히 사회에서 중요한 가치관이 되는 이유에 대해서 최성재(1992)는 가족이 한국 사회에서는 일종의 복지기관으로서의 역할을 하고 있다는 점을 지적한 바 있다. 오랜 기간 동안 한국 사회에서 가족을 둘러싸고 일어나는 모든 문제는 개별 가족의 책임으로 전가되어 '신유교주의적 가족부양 규범'이 한국의 반복지적 복지정책을 이념적으로 떠받쳐주게 되었다(이정옥, 1997). 서구의 경우 가족의 역할이 국가나 사회로 이전되면서 가족의 정서적·애정적 기능이 강조되어왔다면, 한국은 국가가 가족에게 복지의 기능을 전가하고 동원하는 과정에서 산업화와 근대화가 이루어진 것이다.

식민지, 미 군정, 분단, 전쟁, 가난, 군사 파시즘이라는 비극적 근현대를 살아야 했던 한국인들은 '가족'을 중심으로 그 가혹한 시대를 견딜 수밖에 없었고(김수영, 2004), 이로 인해 한국의 가족은 '공리주의적 가족주의', '축소된 가족주의', '신가족주의' 등의 모습을 띠게 되었다. 조혜정(1985)이 제시한 '공리주의적 가족주의'란 식민지 시기, 한국전쟁, 초기 산업화 시기까지 가족 외에는 자신을 보호해줄 어떠한 조직도 존재하지 않음으로 인해 생존 자체가 어려운 상황에서 가족이 생존과 지위 상승을 위해 똘똘 뭉쳐 전력투구하는 집단이 된 것을 말한다.

하지만 가족주의적 특성이 과연 동아시아의 일반적·문화적 가치이며 특성인가에 대한 부분은 검토가 필요하다. 예컨대 중국의 경우, 전통적으로 중국의 가족관계와 가치체계는 유교적 영향을 받았지만 근대화 과정에서는 사회주의의 영향 아래 또 다른 변화를 거치면서 가족보다는 국가를 중심으로 하는 가치체계를 구성해왔다.

물론 개혁개방 시기 이후에는 전통적 가족주의로의 회귀 현상도 나타난다. 뤼웨핑(綠樂平, 2007)에 따르면, 개혁개방 이후 경제형 사회로 들어서게 되고 이데올로기 투쟁보다는 개인적 가치와 세속적 평화를 선호하게 되면서 중국 대중문화의 전반에서 가족적 가치를 강조하고 가족 간의 우애를 강조하는 경향이 나타나고 있다.

일본도 과거에는 가족주의가 상당히 중요한 사회적 가치로 강조되는 경향이 있었다. 그런데 1980년대 이후부터 가족의 개인화 현상이 두드러지게 나타나면서 집단으로서의 가족 인식은 상당히 약화되고 있다. 가족 범위에 대해서도 부모를 가족의 범위에 포함시키지 않는 비율도 높아졌고 가족 정체성과 결속력을 느끼는 비율도 낮게 나타나고 있다(변화순 외, 1992).

대만의 가족 문화에 대해서는 중국 고유의 가족 기업 형태에서 연유하는 특성들이 많이 지적된다(Yang, 2008; Gallin, 1994).2) 따라서 계층에 따른 가족 문화의 차이도 굉장히 크다. 즉, 가족 기업을 운영하는 중산층 이상의 가족에서는 부모의 권력이 강하게 나타나고, 하층 계급의 가족에서는 부모의 권력, 특히 시부모의 권력이 약화되어 나타난다. 대만은 1980년대까지 가정을 '중국 전통과 윤리의 기초'로 삼았다. 가족이 중심이 된 친족 회사가 대만 경제의 밑바탕을 이루면서 가족 이데올로기는 대만 사회 유지의 중요한 원리가 되고 있다.

이상에서 한국, 중국, 일본, 대만의 가족구조와 가족 문화의 차이에 대해서 간략하게 고찰해보았다. 특히 한국, 중국, 일본의 가족구조나 가족 문화에 대해서는 국제 비교 연구들이 다수 제출된 바 있는데(예컨대 최석만·이태훈, 2006; 안병길, 2004; 김은미, 1996; 홍상욱, 1991 등) 최석만·이태훈(2006)은 한국에 동양적 가족의 원형이 가장 많이 남아 있다고 주장하기도 한다.

이와 같은 구조적 변화나 현재까지 수행된 가족주의 및 가족에 대한 가치관에 대한 연구들을 종합해보면, 동아시아적 가치라고 흔히 이야기되는 가족주의는 그 맥락에 대한 검토가 필요하다고 간주할 수 있다. '동아시아의 가족은 동아시아 지역에서 같은 의미를 갖는다고 할 수 있는가'라는 질문이 가능한 것이다.

---

2) 대만 현지의 문헌은 접근 가능성의 문제로 영어 문헌이 주로 검토된 점에서 한계가 있었다.

2) 4개국의 사회 내 가족 재현과 드라마 연구의 경향

한국의 경우 홈드라마 장르가 드라마에서 중요한 비중을 차지하고 있기 때문에, 가족의 문제는 드라마 재현에서 매우 중요하게 다루어져 왔다. 한국 드라마에 대한 연구는 드라마에 나타난 여성 이미지 비평(김명혜·김훈순, 1996; 남명자, 1984), 개별 텍스트 분석과 여성 시청자의 수용 행태 분석 등에 집중되어 있다(백경선, 2006; 송명희, 2006; 정영희, 2007). 드라마의 가족 재현에 대한 연구는 가족구조 분석(이은미, 1993), 가족관계(가족 내 역할과 권력관계) 분석(장하경, 1998; 하종원, 2003), 점차 다양화되는 가족상의 표현 양상(조항제 외, 2007) 등이 있다.

이제까지 수행된 연구 결과를 볼 때(김연종, 1996; 오명환, 1994; 이영희, 2000; 이은미, 1993; 하종원, 2003; 홍석경, 1998), 한국의 드라마는 장르와 편성의 영향을 많이 받는 가운데 홈드라마 장르가 강세를 보여 가족관계를 중심으로 하는 드라마들의 인기가 높은 편이었다고 할 수 있다.

하지만 가장 대비되는 일본의 경우는 일본적 핵가족의 다양한 유형이 제시되고 있을 뿐, (장르/ 소재/ 형태 면에서) 이미 기존의 틀이나 잣대로 사회 기본단위로서의 '가족'을 설정하지 않고 있다. 이러한 경향은 1970년대 후반 일본이 고도 성장기를 벗어나면서 이전의 가정상이 붕괴하고 '단란한 가족'의 이미지가 사라진 것과 관련이 깊다.[3] 일본 드라마는 '단 드라마(해피엔딩 드라마)'를 탈피해 '쓴 드라마(serious 드라마)'로 변화했다(松平誠,

---

3) 松平誠(2003)에 따르면 1970년대 이전까지 일본의 드라마는 미국 중류 가족의 이상을 일본으로 투영한 가족 드라마가 매우 인기가 많았고 주류였다고 한다. 가족이 기본단위로 설정되어 가족 구성원 전부가 주인공인 드라마가 주로 제작되었다. 하지만 1973년 석유파동 이후 버블경제의 붕괴에 이르면서 홈드라마는 생명력을 완전히 잃은 장르가 되었다고 한다.

2003). 1980~2000년대의 인기 드라마를 분석한 결과에서는 부모와 혈연 관계의 자녀로 구성된 통상적 의미의 가족은 등장하지 않았다(森川麗子, 2006). 1990년대 이후 인기 있는 트렌디 드라마, 포스트 트렌디 드라마 장르는 젊은 남녀 주인공과 도시의 일상생활을 묘사한 것이 대부분이며, 등장인물들은 가족이 아닌 개인 단위로 관계를 맺고 있다. 또한 위기 구성 요소는 개인과 개인 혹은 개인과 사회의 관계이며, 거기에서 가족은 거의 등장하지 않는다(히라타 유키에, 2005: 30).

중국에서는 1990년대 이후부터 가족을 소재로 하는 드라마들이 인기를 얻고 활발히 제작되기 시작했다.[4] 후지펑과 장궈타오(胡智鋒·張國濤, 2004)는 중국 현실 소재 드라마의 인기와 가족 관련 드라마를 연관 지어 설명한다. 중국의 현실 소재 드라마는 개혁개방 이후 당대 사회 현실에서 발생하는 상황을 드라마의 소재로 차용하여 표현하는 장르이다. 특히 가족의 정과 혼인윤리 문제를 다루는 가정 윤리극 장르는 1991년 방송된 <갈망(渴望)> 이후 지속적인 인기를 얻고 있다. 중국의 가정 윤리극에 대한 연구는 주로 드라마의 내용과 인물의 성격, 인물 간 갈등과 그 해소 방식, 가치 지향 등을 분석하고 있다.

대만의 경우는 향토극(鄕土劇)이라는 장르 내에서 가족의 이슈를 다룬다. 대만 향토극의 내용과 캐릭터를 분석한 옌 짜이(Yean Tsai, 2000)의 연구에 따르면, 향토극은 대만의 지역적 역사와 풍습을 주된 소재로 다루고 대만

---

4) 1990년대 이전의 중국 드라마에 대해서, 이재민(2002)은 문화대혁명 이후 10여 년 동안 드라마의 생산은 거의 정지된 것이나 마찬가지였다고 평가하고 있다. 양적으로나 질적으로나 빈곤했으며 당시의 드라마 내용은 정치 선전물이 거의 대부분이었다. 1990년대 <갈망>의 제작 이후에 비로소 선전의 성격이 약화되고 가족과 연애, 도시 생활 등의 주제들이 드라마에 등장했다.

방언을 사용하는 지역색이 강한 프로그램이다. 시어머니—며느리 관계나 가족 기업 간의 갈등이 향토극의 주요 내용을 이루고 있다.

　이상에서 한국, 중국, 일본, 대만의 드라마 연구들의 대략적인 경향을 검토했다. 한국의 경우는 가족의 재현이 드라마의 지배적인 경향이라면, 중국의 경우는 1990년대 이후에 등장한 새로운 현상이고, 일본의 경우는 1990년대 이후로 사라진 현상으로 간주되고 있다. 대만의 경우 향토극이라는 특수한 장르 내에서 가족의 문제가 다루어지는 경향을 보이고 있다.

3. 연구 대상과 연구 방법

1) 연구 대상

　이 연구에서는 4개국의 사회 내에서 2002년부터 2008년 사이에 시청률이 높았던 드라마 중 특수한 장르(사극, 무협극 등)를 제외하고 연도별로 한두 가지씩 선택하여 분석 대상으로 삼았다.[5] 시청률을 기준으로 삼은 것은 인기 있는 드라마가 당대 시청자들의 실생활 경험과 정서의 구조에 부합하기 때문에 인기가 있을 뿐만 아니라, 재현된 가족관계와 갈등의 내용이 대중적 공명을 일으킨다는 가정에 근거한 것이다.[6]

---

5) 물론 장르별 차이에 따라서 재현되는 가족관계와 양상이 다르게 나타날 수 있지만, 장르는 각 사회의 독특한 텔레비전 제작 환경 및 문화적 관습에 의해 결정된 것으로서 4개국 간 동일한 장르의 드라마가 유행하지 않기 때문에 국가 간 비교의 틀로서 적절하지 못했다.

6) 이는 드라마의 내용이 현실을 반영하기에 시청자들이 드라마를 시청하리라는 반영론적 가정에 근거한 것은 아니다. 이 연구가 가정하는 것은 드라

<표 2-1> 분석 대상 드라마 목록

한국		중국		일본		대만	
제목	방영 연도	제목	방영 연도	제목	방영 연도	제목	방영 연도
인어아가씨 (2003년 최고시청률 1위)	2002 ~2003	중국식 이혼 (2004년 최고시청률 11위)	2004	나와 그녀와 그녀가 사는 길 (2004년 평균시청률 4위)	2004	안달뱅이 (2003년 최고시청률 2위)	2002 ~2003
올인 (2003년 최고시청률 2위)	2003	낭만적사 (2004년 최고시청률 4위)	2004	앳홈 닷 (2004년 평균시청률 9위)	2004	의난왕 (2005년 최고시청률 2위)	2005 ~2006
파리의 연인 (2004년 최고시청률 1위)	2004	결혼 10년 (2004년 최고시청률 12위)	2004	위험한 누님 (2005년 평균시청률 7위)	2005	금색대바퀴 (2005~2006년 최고시청률 1위)	2005 ~2006
내 이름은 김삼순 (2005년 평균시청률 1위)	2005	공경자 (2005년 최고시청률 11위)	2005	황혼이혼 (2005년 평균시청률 5위)	2005	왕자변청와 (2005년 최고시청률 4위)	2005
부모님전상서 (2005년 평균시청률 3위)	2004 ~2005	신결혼시대 (2006년 최고시청률 1위)	2006	14세의 어머니 (2006년 평균시청률 5위)	2006	세간로 (2006년 최고시청률 8위)	2005 ~2006
굳세어라 금순아 (2005년 최고시청률 2위)	2005	과분한 사랑 (2006년 최고시청률 4위)	2006	내가 걷는 길 (2006년 평균시청률 7위)	2006	아청 (2006년 최고시청률 10위)	2006
하늘이시여 (2006년 최고시청률 2위)	2006	금혼 (2007년 최고시청률 1위)	2007	화려한 일족 (2007년 평균시청률 1위)	2007	천지유정 (2007년 최고시청률 4위)	2006 ~2007

마가 재현하는 가족의 모습에 지배적인 패턴이 존재한다면 그것은 상징적 현실로 구성된 것이라고 볼 수 있는데, 이것과 현실의 가족관계 간의 상관관계를 살펴봄으로써 한 사회가 상정하는 가족의 이념형을 추출할 수 있을 것이라는 것이다.

한국		중국		일본		대만	
제목	방영 연도	제목	방영 연도	제목	방영 연도	제목	방영 연도
소문난 칠공주 (2006년 최고시청률 1위)	2006			도쿄 타워 (2007년 평균시청률 10위)	2007	아랑 안녕 (2006년 최고시청률 14위)	2006
쩐의 전쟁 (2007년 평균시청률 5위)	2007			라스트 프렌즈 (2008년 평균시청률 4위)	2008	악작극지문 (2006년 최고시청률 5위)	2006
열아홉 순정 (2007년 최고시청률 2위)	2007					필승 (2008년 최고시청률 2위)	2007 ~2008
미우나 고우나 (2008년 최고시청률 1위)	2008						
엄마가 뿔났다 (2008년 최고시청률 2위)	2008						

한국의 경우 대부분의 드라마에 접근이 가능했고 상위 시청률의 드라마를 선택하여 가족관계를 분석할 수 있었지만, 일본 드라마나 중국 드라마의 경우는 연도별 시청률 상위 20개 가운데 무협극과 사극이 아닌 현대극, 가족 혹은 애정 문제를 다룬 드라마가 적었기 때문에 드라마의 선택에서 비교적 제한이 있었다. 대만의 경우는 주로 가족을 중심으로 전개되는 향토극 가운데 시청률이 높은 드라마를 선택했다.[7] 분석 대상 드라마 목록은 <표 2-1>을 통해 제시했다.

---

7) 드라마의 선택은 각 연도별 시청률 자료를 4개국에서 각각 구해 선택했으며, 시청률 자료는 뉴스 검색, 논문 검색 등의 다양한 방법을 통해 획득했다. 대만 및 중국과 일본의 드라마는 중국, 일본 출신의 참여 연구원이

2) 연구 방법

재현된 가족은 하나의 담론체계로서 그것 자체로 고립되어 있기보다는 각 사회의 가족제도의 역사적 변화와 밀접하게 연관되어 있기 때문에, 실제의 변화와 담론이 어떻게 연관되어 있는가는 재현 분석에서 매우 중요한 위치를 차지한다. 예를 들어 이영자(2007)는 최근 한국의 가족제도 변화를 검토하면서 가족의 위기를 거론하는 많은 연구들이 어떤 가족의 위기를 지칭하는지 말하지 않음으로써 하나의 '정상 가족'을 가정하고 그것의 해체와 위기를 논하는 오류에 빠져 있다고 지적했다. 사회의 어떤 가족제도도 머물러 있지 않고 변화하며 대중매체를 통해 재현된 가족 담론 역시 끊임없이 변화한다.

이러한 현실의 가족제도와 가족을 구성하는 행위자들의 가족에 대한 인식, 그리고 재현된 현실로서 가족을 따로따로 떨어진 제도와 재현으로 인식하지도 않으면서, 동시에 가족의 본질적 특성(예를 들어 가족은 언제나 사회를 구성하는 가장 핵심적 단위이다)을 가정하지 않는 이론적 틀거리가 필요하다. 여기에서 이 연구는 부르디외((P. Bourdieu)의 장(field) 개념을 적용해 가족장(field of family)이라는 분석틀을 설정하고자 한다. 부르디외에 따르면 장은 사회 구성에서 상대적으로 자율적인 행위자(action)와 실천의 공간이다. 이론사적으로 볼 때 사회제도를 장으로 인식하는 것은 파슨스(T. Parsons) 이후의 체계 이론(system theory)을 넘어서기 위한 노력이라고 할 수 있다. 체계 이론은 하위시스템 간의 구분(differentiation)이 진행되고, 이들

DVD 구입 및 온라인 방송 시청 등의 방법을 통해 1차 해석을 한 뒤 연구 팀이 모여 함께 감상하고 토론했으며, 드물게 한국어 자막이 구비된 경우는 자막판을 이용하여 감상하고 분석했다.

54

간의 유기적 관계(갈등과 균형)를 설명함으로써 사회체계 전체의 유지를 설명하고자 한다. 반면 장 이론은 사회구성체 안에서 장들이 어떤 역학관계와 관계 맺음을 하느냐에 따라 사회 구성의 성격, 장 안에서 활동하는 행위자들과 행위 양식, 그것의 제도화의 양상이 달라지는지를 밝히고자 한다. 이러한 개념을 원용해 가족장을 설정하면, 드라마에서 재현된 현실로서의 가족·현실 제도와 실천으로서의 가족을 인식하는 방식으로 반영론을 넘어서고, 동시에 상호결정이라는 애매한 입장도 넘어설 수 있게 될 것이다.

가족장이라는 분석틀을 설정하면 가족의 구조, 가족 구성원의 관계 맺음 양상, 실제 가족 구성원으로서 규범과 행위 양식이 작동하는 양상을 동시적으로 바라볼 수 있다. 가족장의 분석틀 안에서 이 연구는 세 가지의 연구 범주를 제안했는데, 첫 번째는 드라마에 재현된 가족의 구조 및 형태에 대한 분석이다. 인구 통계학적인 자료에서 주로 사용하는 1세대, 2세대, 3세대 가족이라는 틀 안에서 세부적인 변이들을 드러내고자 했는데, 이를 통해 각 사회가 바람직한 혹은 전형적인 것으로 제시하는 가족의 모델이 어떠한 것인가를 짐작할 수 있다고 보았기 때문이다. 두 번째로는 가족관계에 집중했다. 가족 간의 관계 양상은 어떠하며, 관계들이 왜, 누구를 중심으로 일어나는지 드러냄으로써 각 사회 내에서 가족에게 기대하는 역할과 기능을 상징적으로 어떻게 재현하고 있는지 살폈다.[8] 세 번째로, 이 두 가지의 분석틀을 통해 4개국의 드라마 속에서 상징적으로 구성된 가족의 모습은 어떠한 것인지를 이념형을 통해 구성하고 이러한 이념형이 갖는 함의를 논의하고자 했다.

---

8) 장 이론에 따르면 가족장 안에서 가족 구성원으로서의 행위자들은 각각의 위치와 역할을 수행한다. 이때 행위는 전략적(strategic)이며 경쟁적(competative)이다. 이런 인식을 받아들이면 순수한 부모 자식 관계라는 본질주의적 가족을 벗어나 사회적 행위 실천의 결과로서 가족관계의 유형을 개념화할 수 있다.

<표 2-2> 편성과 장르의 특성 및 드라마 특징

	편성	장르	드라마의 특징
한국	프라임 타임 주 2회, 주 프라임 타임, 프라임 타임 매일, 오전 매일	미니시리즈, 주말극, 일일 극(프라임 타임, 오전)	장르에 상관없이 가족 이야기가 중심임.
중국	채널에 따라 다르지만 프라임 타임 주 5회가 일반적임.	가정 윤리극, 청춘 우상극, 사극, 군대극, 도시 시민극, 범죄극	1990년대 이후 개인의 일상사를 다루는 등 정치극에서 일상극으로 변화하며 가정 윤리도 중요한 장르로 등장함.
일본	프라임 타임 주 1회, 분기별 편성	네오 트렌디 드라마, 사극, 홈드라마, 멜로드라마	가족은 드라마의 주제로 다루어지는 경우가 적고, 다양한 주제들과 시의성 있는 주제들이 다루어짐.
대만	프라임 타임 주 5회, 프라임 타임 주 1회	청춘 우상극, 영웅극, 무협극, 향토극, 사극, 추리극	청춘 우상극의 경우 일본 트렌디 드라마의 영향이 크며, 향토극 장르에서는 가족 중심의 이야기가 진행됨.

4. 4개국 사회 내 드라마의 편성 및 장르 특성과 드라마의 풍경

드라마의 선택에서 같은 장르를 선택할 수 없었던 것은 4개국의 사회에서 사용되는 장르의 구분과 편성이 차이가 크기 때문이다. 각 사회의 드라마 편성 및 장르 특성을 간단하게 정리하면 <표 2-2>와 같다.

<표 2-2>에 따르면 4개국 사회의 드라마의 편성 및 특징이 매우 다르다. 따라서 이와 같은 편성과 장르의 특징이 드라마를 해석하는데 반영될 필요가 있다.

5. 4개국 사회 내 드라마에 재현된 가족의 풍경

1) 가족의 구조: 부계 중심 확대가족

<표 2-3>은 한국, 중국, 일본, 대만 4개국에서 인기 있었던 드라마를 중심으로 볼 때 드라마에 재현된 가족의 형태가 어떻게 분포되고 있는지를 보여준다.[9] 이러한 드라마에서 재현된 가족구조를 <그림 2-1>부터 <그림 2-4>를 통해 제시된 각 사회의 실제적인 가족구조의 변화와 비교해보면 다음과 같은 분명한 가족 재현의 경향 몇 가지를 발견할 수 있다.

첫 번째로 한국의 경우 가족의 재현이 타 사회에 비해 두드러진다는 것을 확인할 수 있다.[10] 즉, 한국 드라마에는 상당히 많은 등장인물이(비록 주변적 인물일지라도) 가족, 즉 혈연 중심의 공동체 형태로 등장하고 있었다. 일본의 경우 혈연 중심 공동체의 재현 비중이 제일 낮았다. 이 두 사회의 비교는 해당 사회에서 가족이 갖는 의미 혹은 가족의 중요성 등이 드라마라는 거울을 통해서 매우 다르게 나타나고 있음을 보여준다. 또한 주목해야 할 것은 각 사회의 드라마가 재현하는 가족구조에서의 차이점이다. 한국과 일본은 3세대부터 유사 가족 형태까지 비교적 넓은 형태의 가족 모습을 다양하게 보여주고 있다. 하지만 중국과 대만의 드라마에서는 확실한 2세대 가족 중심성이 강하게 드러난다.

한국의 드라마에는, 이미 앞선 연구(강명구 외, 2007)에서 지적했던 바와 같이 3세대 이상 부계 중심 확대가족의 재현이 타 사회에 비해서 뚜렷한

---

9) 가족구조의 구분은 한국에서 사용하는 가족구조에 대한 통계 방식을 기본으로 하여 구분 척도로 사용했다.

10) 전체 13개 드라마 중 총 48개의 가족 형태가 표현되었는데, 이는 드라마 당 평균 3.7개가량 가족으로 맺어진 관계가 등장한다는 의미이다.

<표 2-3> 한/중/대만/일본 드라마에 재현된 가족의 형태

	3세대		2세대			1세대			유사가족
	부계	모계	부모-성인기혼자녀	부모-성인미혼자녀	편부/편모/친척-미성년자녀	형제자매	부부	기타(이혼/고아/가족표현없음)	
한국 (48가족)	10 (20.8%)	3 (6.3%)	1 (2.1%)	17 (35.4%)	5 (10.4%)	1 (2.1%)	2 (4.1%)	9 (18.8%)	
중국 (28가족)	2 (6.6%)			13 (43.4%)		1 (3.3%)	10 (33.3%)	2 (6.6%)	
일본 (21가족)	1 (4.8%)	1 (4.8%)	1 (4.8%)	6 (28.6%)	7 (33.3%)	1 (4.8%)	1 (4.8%)	1 (4.8%)	2 (9.5%)
대만 (33가족)			16 (48.5%)	9 (27.3%)	7 (21.2%)	1 (3.0%)			

편이다.11)

반면 일본의 경우 실제에 비해 드라마에서 재현되는 편부·편모 가정의 비중이 높게 나타나고 있다.12) 일본의 편부·편모 설정은 이혼의 결과(<나와 그녀와 그녀가 사는 길>, <도쿄 타워>, <라스트 프렌즈>)이거나 싱글맘인 경우(<14세의 어머니>, <황혼이혼>) 등으로 나타난다.13) 이는 근대적 핵가

---

11) 한국의 경우 부계 중심의 확대가족은 부부가 결혼을 하면 당연히 취하는 가족 형태로 가정된다(<인어아가씨>, <굳세어라 금순아>, <부모님 전상서>, <미우나 고우나> 등). 그러나 중국 드라마에는 부부의 현실적인 요구로 부모가 도움을 주기 위해서 등장한다.

12) 이것은 일본 트렌디 드라마가 영향을 미친 대만의 청춘 우상극, 한국의 미니시리즈 장르에서도 흔히 나타나는 특성이다.

13) 한국 드라마에서 혼외자의 설정은 주인공 세대가 아닌 주인공 어머니 세

족의 부정으로서의 편부·편모 가족이나 '가족 후의 가족(Post family)'의 양상에 대한 묘사가 두드러지는 것으로 해석하는 것이 적절할 것이다.

대만 향토극에서 부모—성인 기혼 자녀 혹은 성인 미혼 자녀의 비중은 장르의 특성에 기인한다. 분석 대상인 <아랑 안녕>, <아청>, <세간로>, <천지유정>, <안달뱅이> 등의 대만 향토극은 모두 주인공 세대가 부모 세대의 가업을 물려받거나 부모 세대의 가난을 벗어나 성장하는 이야기를 다루고 있다. 이러한 특성이 근대적 핵가족에 대한 재현을 두드러지게 한다.[14]

반면 중국의 경우에는 부부 중심성이 가족 드라마의 특징이다. 가족구조로만 비교한다면 대만과 중국이 모두 2세대 가족, 즉 근대적 핵가족 중심이라고 평가할 수 있지만, 중국의 경우에는 부부 중심성 또한 더욱 두드러진다. 가정 윤리극에서 서사의 핵심은 부부가 어떻게 가정을 이루고 유지하는가(<금혼>, <신결혼시대>, <중국식 이혼>, <공경자>, <결혼 10년>)이다. 이 과정에서 부모 및 자녀 세대는 부부간의 사랑과 결혼의 유지에 대한 배경 정보로서 존재한다.

요컨대 드라마가 재현하는 중심적인 요소로뿐만 아니라 이야기의 배경으로 등장하는 가족의 범위와 제공되는 정보들이 동아시아 4개국 사회마다 차이를 보이고 있다. 가족의 범위는 한국 내에서는 부계 중심의 확대가족 양상을 보였지만 중국과 대만에서는 부부—자녀 중심의 핵가족 형태에 더

대의 것으로 비극의 씨앗이 된다. 하지만 일본 드라마에서의 싱글맘, 즉 일종의 혼외자를 출산하는 경우에는 주인공 세대의 일로서 가족의 비극이 아닌 주인공의 선택으로 그려진다.

14) 이러한 점에서 대만이 정책적으로 경제 운영의 기초를 가족(기업)에 두고 적극적으로 경제성장에 동원하고자 했다는 기존 가족정책에 대한 연구의 결과를 텔레비전 문화에 적용할 수 있을 것이다.

집중되어 있었다. 일본에서는 근대적 핵가족과 이를 부정하는 형태 사이에
서 가족이 다양한 형태로 등장하고 있다. 재현된 가족 범위의 차이는 동아
시아 각국이 상정하는 가족의 모델이 매우 다른 모습을 띠고 있다는 것을
일차적으로 보여준다.

2) 가족 간 관계와 역할: 개입 가족과 갈등의 재현

다양한 범위로 재현되는 가족구조 속에서 각 등장인물, 즉 가족관계의
재현은 어떠한 방식을 중심으로 전개되고 있으며, 그 역할은 무엇인가? 이
연구에서는 가족관계 재현의 특성으로서 갈등의 문제를 먼저 살펴보았
다.15) <그림 2-1>과 <그림 2-2>는 드라마가 재현하는 갈등이 주로 어떤
관계에서 일어나며, 무엇 때문에 갈등이 일어나는지를 대략적으로 보여준
다.16)

<그림 2-1>에서 두드러지는 것은 부모-자식 관계의 갈등을 중심으로
전개되는 한국 드라마와 부부 관계의 갈등을 중심으로 전개되는 중국 드라
마이다. 또한 전반적으로 한국에서 갈등관계의 재현이 두드러지는 반면
대만의 드라마는 가족관계 내의 갈등이 아닌 다른 사회적 관계의 갈등

---

15) 4개국 사회를 비교하기 위해 대략의 경향을 알아보려고 정리한 것으로 양
    적 분석을 사용한 것이 아니라 질적 내용분석을 시도한 것이다. 갈등관계
    와 종류, 갈등의 내용에 대한 분석의 범주는 파일럿 드라마를 각국에서 1
    개씩 선정하여 감상한 뒤 드라마에 등장하는 관계들을 토론을 통해 도출
    하여 정리했다.
16) 분석 대상 드라마의 개수가 동일하지 않기 때문에 각 사회의 전체 분석
    대상 드라마 개수를 1로 보았을 때 해당 유목이 등장하는 드라마의 빈도
    를 표시했다.

<그림 2-1> 드라마에 재현된 가족 갈등

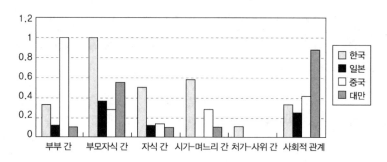

<그림 2-2> 드라마에서 재현되는 부모−자식 간 갈등의 이유

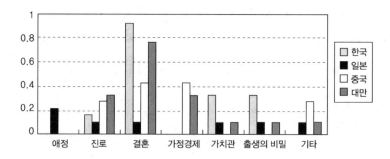

재현이 두드러진다.17)

　한편 <그림 2-1>는 특히 갈등 관계가 심한 부모−자식 간의 관계에서 어떤 이슈가 갈등의 이유가 되는지를 보여준다. 결혼은 중요한 갈등관계의 핵심이 되고 있고, 이러한 사항은 한국에서 특히 두드러지며 중국과 대만의 드라마에서도 종종 소재로 활용된다.

17) 대만의 드라마에서 가족관계의 갈등이 재현되지 않는 것은 가족 기업 간의 경쟁이 주요 이슈이기 때문이며 이에 따라 부자 간, 부부간에 철저한 남성 중심, 서열 중심의 위계 관계가 존재하기 때문이다(<세간로>, <천지유정> 등).

 이와 같은 갈등의 소재와 갈등관계들을 살펴보았을 때 한국 드라마에서
재현되는 가족관계의 특성을 '개입적 가족관계'로 설명할 수 있다. 즉, 갈등
이 근본적으로 결혼과 가치관 등의 문제에 대해서 부모가 자식에게 개입하
는 것이 자연스러운 문화적 분위기 속에서 발생한다는 것이다. 부모와 자식
은 일차적인 혈연관계이며, 이 관계는 다른 사회적 관계와는 다른 독특성을
갖고 있다. 특히 한국에서 부모와 자식의 관계는 독립된 개인이 아닌 집합
주의적 공동 운명체로서 많이 상정된다. 근대화 과정을 거치면서 형성된
한국의 가족주의 문화는 자녀의 성공이 부모의 성공과 동일시되는 과시적
성향을 띠고 있다(손승영, 2006). 한국의 가족에서 교육과 결혼은 성공의
가장 핵심적인 지표이며, 이에 대한 자녀의 독립적·개인적 선택과 자녀의
선택을 존중하는 부모의 모습은 찾아보기 어렵다.
 반면 중국 드라마에서 부모-자식의 관계는 갈등보다는 중재의 관계라고
할 수 있다. 부모는 자식의 갈등을 조정하고 자식의 편에 서서 지지하고
격려해주는 사람으로 재현된다. 예컨대 <금혼>에서 여주인공의 친정 부
모와 친언니들은 여주인공의 결혼 생활을 조언하고 도와주는 존재이며,
<신결혼시대>에서도 여주인공의 친정 부모는 부부 갈등의 중재자로 등장
한다.
 중국의 경우 이와 같은 가족 재현 방식은 국가의 가족정책과 관계있을
것이다. 사회주의 혁명 이후 중국 사회는 육아, 교육, 보건 의료 등 가족이
담당하는 기능을 사회적으로 해결하고자 했고, 가족은 부부와 자녀들의
정서적 공동체의 성격이 강했다. 가족은 사회주의적 근대화의 과정에 동
원되는 기본 집단이기보다 주변화된 기구였기 때문에 가족 구성원의 물질
적·경제적 책무와 역할이 상대적으로 중요하지 않았다. 가족은 나와 형제
들이 생존을 의지할 수 있는 최후의 보루가 아니었기 때문에, 부모-자식
관계, 친족관계, 부계 가족관계가 한국과는 다른 양상으로 변화해왔다.

<그림 2-3> 부모-자식 간 관계

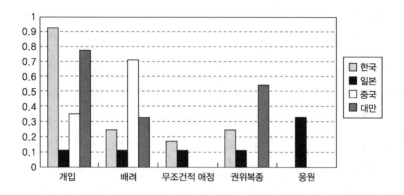

　　대만 드라마의 경우 향토극의 장르적 특성으로 인해 부권이 강력한 남성
주인공이 등장하는 경우가 많기 때문에 부부 갈등은 잘 나타나지 않는다.
따라서 강력한 부권에 대해 갈등하는 자녀들의 모습이 드라마의 중심축이
되는 경우가 많다. 즉, 대만 드라마에서도 개입적 가족관계는 보편적인
것으로 재현된다. 다만 가족 간 개입이 스토리상에서 빠른 속도로 처리되기
때문에 한국의 드라마에서처럼 갈등이 지속적으로 오랫동안 진행되는 것
은 아니다(<천지유정>, <세간로> 등).

　　가족관계에서 개입적 관계가 가장 적게 드러나는 것은 일본의 드라마이
다. 일본 드라마에서는 사실상 가족들 간의 관계 설정 자체가 자주 등장하
지 않는다. 그리고 가족 간의 관계가 설정될 때는 상호 개입으로 인한 갈등
이나 논쟁은 등장하지 않으며 상호 의견을 교환하는 수준에서만 전개된다.
아버지, 어머니, 아들과 딸 등이 가족관계로서 등장하는 것이 아니라 개인
으로서 등장하는 것이다. 기든스(Giddens, 1992, 1996)가 지적했듯이 사적
영역에서 자아의 확대와 내면적 자아의 표현이 더 중요해진 후기 자본주의
특성으로서 '탈가족적 친밀성'을 추구하는 개인화된 가족 구성원들이 등장
한다. 탈가족적 가족은 '사회적 안정 = 행복한 가족 = 자기희생적 모성'의

등식(이영자, 2007)에 근거한 가족옹호론에 대응해 나타난 가족관계의 양상
이라는 점에서 한국의 도구주의적 가족과 크게 대비된다.

이러한 측면에서 부모—자식의 관계에서 갈등과 개입의 양상을 중심으로
정리하면 <그림 2-3>과 같이 표현할 수 있을 것이다.

3) 소결: 재현된 가족의 이념형(ideal types)

이상의 분석 결과에서 동아시아 4개국의 사회가 그려내고 있는 가족의
모습을 통해 재현된 가족의 이념형을 추출할 수 있다. 베버(Weber, 1949)에
따르면 이념형은 현실세계에서 전개되는 사태의 특성을 가장 극단적인 지
점까지 몰아가고(accentuate) 추상화함으로써 사태의 성격을 이해하고 설명
하는 방법론적 전략이다. 이때 사태의 특성은 언제나 역사적 맥락 안에서
해석되고, 관계적으로 설명된다. 앞서의 분석 결과에 따라 동아시아 4개국
사회에서 재현된 가족의 비교로부터 가족 이념형을 도출하기 위해 다음과
같은 그림을 설정했다(<그림 2-4>).

수평축은 가족관계에서 부모가 자녀의 결혼, 연애, 심지어 출산 여부까지
개입하는 개입주의에서 상호 독립성을 인정해주는 상호 존중의 양상을 가리
킨다. 수직축은 가족 구성원의 관계맺음이 얼마나 혈연적 부계 중심인지,
비혈연적 친밀감 중심인지를 보여주는 축이다. 가족장을 운영하는 실천의
규칙으로 '개입—상호존중'과 '부계혈연 중심—비혈연'을 설정하면 네 가지
의 가족관계 유형을 얻을 수 있다. 앞서 분석한 연구 결과를 두 개의 축을
교차시켜 네 사회의 가족을 위치시켜 보면 차이점과 공통점이 잘 드러난다.

한국 드라마에서 분명히 가족은 최종적인 판단의 근거이고 갈등의 시작
점이자 종결점이다. 한국 드라마에서 가족은, 종국적으로는 안정된 대가족
혹은 핵가족을 지향하고 화목한 부계 중심의 확대가족(혹은 예비 확대가족)이

<그림 2-4> 텔레비전 드라마에 재현된 동아시아의 가족

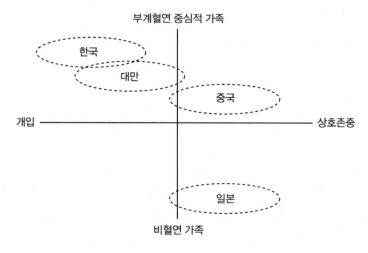

며 이는 일종의 판타지적 성격을 갖는다.[18)

반면 일본 드라마는 전반적으로 가족관계를 중심으로 하지 않으며, 가족관계가 나오는 경우 이 가족은 근대적 핵가족을 부정하는 형태로 존재하는 것이 보통이다. 더욱 중요한 것은 근대적 핵가족에 대한 부정이 드라마 내에서 표현되는 경우가 종종 있다는 것이다. 따라서 일본 드라마는 다른 가족의 가능성을 찾고 또 다른 의미에서의 가족 판타지를 제시한다. 근대적 핵가족(엄밀히 말해서 서구적 핵가족)의 모델이 이상적이라는 것을 지속적으로 거부하면서도 가족의 정서적 기능을 희구하는 궤적을 보이는 것이다. 가족의 정서적 기능은 어떠한 형태로든 추구되어야 할 것으로 묘사된다는

18) 소설 및 영화에서 끊임없이 전통적 가족에 대한 문제제기가 나타나고, 이것들이 일정 수준의 대중적 지지를 얻은 반면에(박명진, 2003; 김일란, 2004) 드라마의 영역에서는 현실보다 더 강력한 부계혈연 중심적 가족에 대한 집착이 나타난다는 점은 주목할 만하다.

점에서 일본 드라마 내에서는 가족의 붕괴가 아닌 가족의 실험이 행해지고 있다고 평가하는 것이 옳다.[19]

중국의 드라마가 보여주는 것은 안정된 핵가족 구조이다. 중국 드라마는 2000년대 들어서 가정을 강조하고 있는데, 이는 경제적 성장의 이면에서 오는 사회 혼란을 극복하는 데 가장 최종적인 기구로서 가정을 강조하려는 의도로 읽을 수 있다. 그러나 전통적·유교적 대가족이 아닌 부부와 미혼 자녀 중심의 가족을 중심으로 가족구조의 안정성을 유지하고, 가족 내 정서적 기능은 물론 경제적 기능을 아울러 강조하는 경향이 강하다. 즉, 중국 드라마에서 이상적인 가족은 정서적·경제적 기능을 공유하는 안정된 부부가 존재하는 근대적 핵가족이다.

대만 드라마의 향토극은 고유문화인 가족 기업의 특성과 무협극 전통에서 오는 가계의 전통이 강하게 드러나는 장르이다. 즉, 대만 향토극에서 이상적인 가족은 가족이 모두 연대하여 선한 의지와 선한 목적을 가지고 기업(혹은 가업)을 운영하는 것으로 표현된다. 향토극의 특성이기는 하지만, 개입주의적 성격이나 가부장성의 측면에서 대만은 한국과 가장 유사한 양상을 보인다.

6. 결론

이 연구는 동아시아 4개국의 드라마에 재현된 가족관계를 살피면서 그

---

19) 무라카미 류의 소설에 대한 평가에서, 붕괴된 가족을 그리고 있지만 오히려 이것은 가족에 대한 희구이며 혈연으로 뭉친 가족에 대해서는 부인하지만 위로하고 치유하는 가족의 기능은 강조하는 것이라는 점을 이와 비견하여 볼 수 있겠다(리현옥, 2008).

공통점과 차이점을 밝히는 데 일차적인 초점을 두었다. 유교 문화, 유교적 가족이라고 하는 모델이 과연 존재하는지에 대한 질문도 제기했다.

연구 결과로 보면 일본의 경우 가족문제를 거의 제기하지 않았다. 일본에서 가족은 재현을 통해 시청자들에게 보일 만큼 매력 있는 소재가 아니었다.

한국 드라마는 가족에 대해 강한 집착을 보인다. 한국 드라마의 가족 중심성은 모든 등장인물이 가족, 혈연으로 연결되고야 만다는 특성에서 가장 강력하게 나타난다. 한국 드라마에서는 혈연이 아닌 이웃이라는 집단은 존재하지 않으며, 이는 가족주의 문화에 대한 많은 연구들이 한국 가족주의의 폐쇄적이고 이기적이고 비시민적 특성으로 지적하는 모습과 다르지 않다.

중국에서는 2000년대 이후 가족이 드라마의 주요 소재로 부상했다. 그런데 이 가족은 한국과는 달리 부부 중심의 핵가족 모델에 집중되어 있다. 같은 중국 문화권인 대만의 경우 향토극이라는 장르적 특성에 기인해서 가부장적 권위가 강한 가족을 핵심적으로 재현했지만, 이때 가족의 모습은 확대된 혈연 중심적 양상보다는 부부와 자녀 간의 이슈를 더욱 중시해서 다루었다.

한국과 대만 드라마가 부모와 자녀 간의 갈등, 특히 결혼을 중심으로 하는 갈등을 핵심적으로 그려냈다면 중국의 드라마는 부부간의 갈등을 중심적으로 재현했다. 이러한 특성 때문에 한국과 대만의 드라마에서는 갈등하고 개입하는 부모상이 두드러지는 반면, 중국에서는 지지하거나 물러나 있는 부모상이 두드러지게 나타났다.

이러한 재현의 차이를 해석하는 것에는 여러 가지 맥락적 고려가 필요할 것이다. 일본 드라마에서 가족 재현이 두드러지지 않는 것은 일본 사회가 동아시아 4개 사회 내에서 볼 때 소위 '유교적 가족'과는 다른, '탈가족적 가족(post-family family: Beck-Gernsheim, 2008)'의 모습이 보이는 사회이기 때문일 것이다. 한편 한국에서 도구주의적 가족의 모습이 드라마에서 자연스

럽게 재현되는 것은 현실의 가족 기능과 역할에 대한 상식을 반영한 것일
수도 있지만, 한국 드라마가 실제보다 더 부계 중심적 확대가족과 단란성에
집착하는 것은 이상화된 가족에 대한 판타지를 제시하고 설득하려는 것에
더 가깝다. 중국의 드라마에서 재현되는 가족의 모습은 부부가 평등하며
부모와 자녀 관계도 상호 인정이나 지지의 모습을 많이 보여주지만, 이것으
로 중국이 더 평등한 사회라거나 중국 사회의 개인들이 개인성을 가진
근대적 주체라고 주장하기는 어려울 것이다. 4개 사회 내 드라마에서 재현
된 가족 모습의 차이는 개인주의 대 집합주의, 서구 대 동양이라는 이분법
적 틀이 유용한 부분도 있겠지만 동양의 집합주의는 단 하나의 단일한
성질을 지닌 집합체가 아니며, 흔히 주장하듯이 가족이 가장 핵심적인 가치
인 것도 아니라는 발견에 이르게 한다. 그리고 이러한 재현의 양상을 해석
하는 데에는 각 사회의 물질적 조건과 근대화 과정의 특수성이 반드시
고려되어야 할 것이다.

이상의 연구 결과를 확대 해석할 수는 없지만, 몇 가지 중요한 시사점을
얻을 수 있다. 첫째, 동아시아의 가족들은 유사하기보다 많이 다르다. 최소
한 가족에 대한 인식, 가족관계를 운영하는 개개인의 행위 양식과 정서적
구조는 차이가 크다. 둘째, 흔히 가정하는 유교적 가족주의는 동아시아를
공통적으로 설명하는 키워드가 되기 어렵다는 점이다. 한국에서는 상당히
지배적인 문화 형식으로, 대만에서는 잔여 문화로 남아 있지만, 일본에서
가족은 재현의 현실 안에 남아 있지 않았다. 일본 사회에서 가족이 사라진
것이 아니라 개인이 중심이 된 '탈가족적 가족'으로 이행한 변화와 밀접히
연관되어 있는 것이라 할 수 있다. 셋째, 방법론적으로 현실의 가족과 재현
된 가족이 역사적 흐름 안에 있다고 할 때, 어떻게 양자를 통합적으로 분석
할 것인가는 문화 연구자와 역사 연구자의 숙제로 남아 있다고 할 수 있다.

참고문헌

기든스(A. Giddens). 2001. 『현대사회의 성, 사랑, 에로티시즘』. 황정미·배은경 옮
　　김. 서울: 새물결.
김명혜·김훈순. 1996. 「여성 이미지의 정치적 함의: 텔레비전 드라마를 중심으로 」.
　　≪한국언론학보≫, 38호, 203~248쪽.
김수영. 2004. 「근대화와 가족의 변화」. 정진성·안진 외. 『한국 현대 여성사』. 한울
　　아카데미. 141~169쪽
김연종. 1996. 「한국 방송 드라마에 나타난 가족의 구조 유형, 역할 그리고 커뮤니
　　케이션 형태」. 김학수 외. 『가족과 방송』. 서울: 집문당. 35~60쪽.
김은미. 1996. 「부부의 가족지향 의식에 관한 한일 비교」. ≪대한가정학회지≫,
　　34권 1호, 1~14쪽.
김일란. 2004. 「근대 가족을 바라보는 두 개의 시선」. ≪여성과 사회≫, 15호,
　　193~209쪽.
김훈순·김명혜. 1996. 「텔레비전 드라마의 가부장적 서사전략」. ≪언론과 사회≫,
　　12권, 6~50쪽.
남명자. 1984. 「여성 이미지의 정치적 함의: 텔레비전 드라마를 중심으로」. ≪신문
　　학보≫, 17호, 71~117쪽.
리현옥. 2008. 「무라카미 류의 또 하나의 베이스 가족」. 한국일본어문학회 25회
　　학술대회 발표문.
박명진. 2003. 「한국영화의 가족 담론」. ≪우리문학연구≫, 16집, 113~157쪽.
백경선. 2006. 「문학과 가족(정): 텔레비전 드라마에 나타난 가족상 - 노희경의 특
　　집드라마를 중심으로」. ≪한국문예비평연구≫, 21권, 53~71쪽.
변화순 외. 1992. 『가족의식에 관한 한국과 일본의 비교연구』. 서울: 한국여성개발원.
손승영. 2006. 「한국의 가족주의와 사회적 과시: 지속과 변화」. ≪담론 201.≫,
　　9권 2호. 245~274쪽.
송명희. 2006. 「<부모님 전상서>에 나타난 가족 이데올로기와 젠더의식」. ≪우
　　리어문연구≫, 26집, 121~139쪽.
안병걸. 2003. 「한일 양국의 고교생의 가족상에 대한 연구: 서울과 동경의 고교생을

중심으로」. ≪일본어문학≫, 17집, 121~143쪽.

오명환. 1994. 『텔레비전 드라마 사회학』. 서울: 나남

이영자. 2007. 「가부장제 가족의 자본주의적 재구성」. ≪현상과 인식≫, 통권 102
호. 72~94쪽.

이영희. 2000. 「텔레비전 홈드라마의 이상적 모델에 관한 연구: <바람은 불어도>
를 중심으로」. 중앙대학교 석사학위논문.

이은미. 1993. 「프라임타임 드라마에 나타난 가족구조 분석」. ≪한국방송학보≫,
4권 1호, 167~184쪽.

이정옥. 1997. 「가족의 사회적 의미와 가족주의」. 한국정신문화연구원 편(1997).
≪가정의 정신문화적 의미와 가족주의 문제≫, 한국정신문화연구원.
167~182쪽.

장하경. 1998. 「대중문화에 나타난 부부관계 분석: TV 드라마를 중심으로」. ≪한
국가족관계학회지≫ 3권 2호, 153~170쪽.

정영희. 2007. 「여성주의적 요구와 가부장적 질서의 동거: <내 이름은 김삼순>을
중심으로」. ≪미디어, 젠더, 문화≫, 8권, 41~71쪽.

조긍호. 2007. 「동아시아 집단주의와 유학 사상: 그 관련성의 심리학적 탐색」. ≪한
국심리학회지 사회 및 성격≫, 21권 4호, 21~54쪽.

조항제 외. 2007. 「텔레비전 멜로드라마에서 나타나는 가족 표현의 변화: <하늘이
시여>와 <굿바이 솔로>를 중심으로」. ≪한국방송학보≫, 21권 6호,
574~617쪽.

조혜정. 1985. 「한국 사회 변동과 가족주의」. ≪한국문화인류학≫, 17권. 81~98쪽.

최석만·이태훈. 2006. 「보편적 세계인식의 원리로서의 가(家)」. ≪동양사회사상≫,
13집, 5~52쪽.

최성재. 1992. 「가족과 사회정책」. ≪가족학논집≫, 4권, 195~217쪽.

하종원. 2003. 「텔레비전 일일연속극에 나타난 권력관계에 관한 연구」. ≪한국방
송학보≫, 17권 2호(2003, 여름), 385~420쪽.

홍상욱. 1991. 「가족 관행 의식에 대한 한일 비교 연구」. ≪자원문제연구≫, 10권,
163~176쪽.

홍석경. 1998. 「텔레비전 드라마가 재현하는 가족관계 속의 여성」. ≪방송연구≫,
46호, 235~265쪽.

히라타 유키에(平田紀江). 2005. 『한국을 소비하는 일본: 한류, 여성, 드라마』. 서울: 책세상.

Beck-Gernsheim. 2008. "Reflection on love and family." 2008 public lecture(서울대학교 여성연구소 주최).

Gallin, R. 1994. "The intersection of class and age: Mother-in-law / Daughter-in-law relations in Rural Taiwan." *Journal of Cross-Cultural Gerontology*, Vol. 9, pp. 127~140.

Hofstede, G. 1980. *Culture's consequences*. Beverly Hills, CA: Sage.

Kashima, Y. et al. 2006. "Describing the social world: How is a person, a group, and a relationship described in the East and the West?" *Journal of Experimental Social Psychology*, Vol. 42, No. 3, pp. 388~396.

Moody, J. 1996. "Asian Values." *Journal of International Affairs*, Vol. 50, No. 1, pp. 168~192.

Selden, M. 1993. "Family Strategies and Structures in Rural North China." In Davis, D. and S. Harrell(Eds.), *Chinese Families in the Post Mao Era*, Berkeley: University of California Press. pp. 139~164

Triandis, H. C. 1989. "The self and social behaviour in differeing cultural contexts." *Psychological Reivew*, Vol. 96, No. 3, pp. 506~520.

U. Kim, H. C. Triandis, C. Kagitcibasi, S-C, Choi, and G. Yoon, 1994(Eds.). *Individualism and collectivism: Theory, method, and applications. Thousand Oaks*, CA: Sage.

Weber, M. 1949. *The methodology of the social sciences*. translated and edited by Edward A. Shils and Henry A. Finch. New York: Free Press.

Yang, F. 2008. "Engaging with Korean dramas: discourse of gender, media, and class formation in Taiwan." *Asian Journal of Communication*, Vol. 18, No. 1, pp. 64~79.

Yean Tsai. 2000. "Cultural Identity in an era of globalization: The structure and content in Taiwanese soap operas." Georgette Wang, Anura Goonasekera, Jan Servaes(eds.), *The new communications landscape: demystifying media globalization*, London: Routledge.

Zakaria, F. 1994. "Culture is Destiny: A Conversation with Lee Kuan Yew." *Foreign Affairs*, Vol. 73, No. 2(March/April), pp. 109~126.

胡智鋒·張國濤. 2004. 「現實題材電視劇三題」. ≪中國電視≫. 第2号, pp. 22~26.

綠樂平. 2007. 「背叛 結构 : 新時期家庭倫理劇叙事結构分析」. ≪当代電影≫, 第5号, pp. 109~112.

森川麗子. 1993. 「テレビドラマに見る家族像」. ≪社會と情報≫, 椙山女學園大學生活科學部生活社會科學科, 第10券, 2号(2006. 3), pp. 53~66.

松平誠. 2003. 「テレビドラマにおける家族と家庭」. ≪生活文化史≫, 日本生活文化史學會, 第43号(2003. 3), pp. 27~33.

부록

1. 각국 가족구조의 변화 통계 자료

(1) 한국

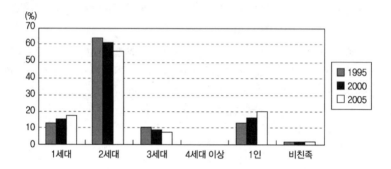

(2) 중국

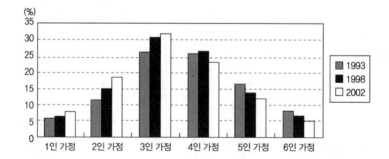

(3) 일본

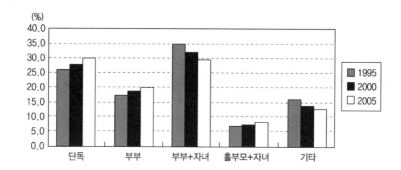

(4) 대만

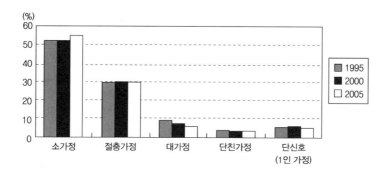

2. 분석 대상 드라마의 가족관계도

(1) 한국: 굳세어라 금순아(MBC, 2005)

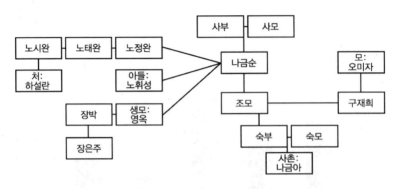

(2) 중국: 신결혼시대(2006)

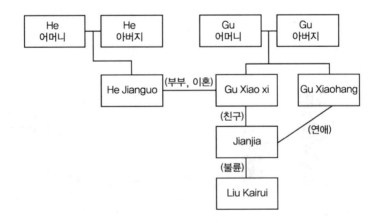

(3) 일본: 도쿄타워(2007)

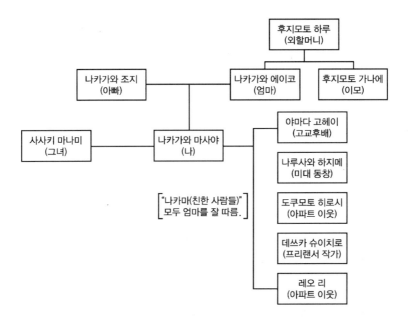

(4) 대만: 금색대바퀴(2005~2006)

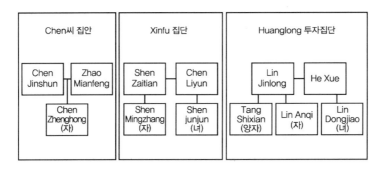

제3장

텔레비전 드라마에 재현된 가족관계에서의 아버지상

정영희(고려대학교 정보문화연구소 연구원)

1. 대중문화와 아버지

오늘날 대중문화를 평가하는 사람들은 대부분 우리의 대중문화에서 '더 이상 아버지는 존재하지 않는다'라고 말한다. 1991년 MBC의 <사랑이 뭐길래>가 역대 최고의 시청률인 64%까지 기록하며 방영될 때까지만 하더라도 우리의 아버지는 종종 독재적으로 보일 만큼 권위적이고 위엄이 있었다. 당대의 대중문화물이 모두 아버지를 그렇게 묘사한 것은 아니지만, 적어도 그런 모습은 존재의 정당성을 유지하고 있었다. 하지만 2000년대 들어와서는 대중문화 속에서 그러한 아버지를 좀처럼 발견하기 어렵다. 2008년 8월 종영한 <엄마가 뿔났다>에서의 아버지는 가정에서 상징적인 근엄한 지위도 없고 가정의 대소사에서 어떠한 실질적인 권리도 행사하지 않는 초라하고 힘없는 아버지였다. 심지어 아내가 자유를 선언하며 개인 시간을 찾아가는 동안 남편인 아버지는 그런 아내 주변을 빙빙 돌며 눈치를 봐야 했다. 그러한 아버지의 모습은 안쓰럽다 못해 때로는 짜증스럽다. 어떤 평론가는 이러한 현상을 주말 드라마의 주 시청자가 중장년 여성이란 점이 영향을 끼쳐 남성들 대부분이 여성의 시점에서 타자화되어 묘사되었기 때문이라고 해석한다. <엄마가 뿔났다>에서 장남은 가족을 이끌 정도로 강인하지도 똑똑하지도 못하고, 맏사위는 이혼남이며, 둘째 사위는 학력 좋고 훤칠한 부잣집 도련님이지만 딸을 만나기 전까지 엄마를 거역해본적 없는 마마보이다. 그나마 할아버지가 근엄한 지위를 보장받는 유일한 남성이다. 반면 엄마와 딸, 며느리는 모두 사회적으로 능력이 있거나 생활력이 강하다. 당당한 그녀들의 전쟁과 반란을 다룬 이 드라마는 첫 방송에서 27.6%의 시청률을 보였고 마지막 방송에서 40.6%(TNS기준)를 기록하며 열렬한 호응 속에 종영했다. <엄마가 뿔났다>가 오늘날의 남성을 극단적으로 왜곡하여 묘사한 경향이 없지 않지만, 남성(아버지)에 대한 그런 묘사가 가능할 정도로 한국 사회가 변했거나 남성의 위상이 변한 것은 사실인 듯하다.

이 글은 한국 대중문화 속의 아버지, 특히 텔레비전 드라마에서 아버지가 가족관계 내에서 어떤 모습으로 그려지고 있는가를 분석한 것이다. 유교 전통이 이어져 온 한국 사회에서 가부장적 가치는 여전히 지배적이다. 하지만 1970년대부터 아버지의 위기, 즉 '부권상실론'이 언론을 중심으로 서서히 제기되다가 IMF를 계기로 집중적으로 조명되었다. 덩달아 텔레비전 드라마를 비롯한 대중문화 속에서 아버지의 역할도 비중이 축소되었다. 텔레비전 드라마에서 성인 남성, 특히 아버지의 비중 축소는 트렌디 드라마의 유행과 출연료라는 현실적 문제로 인해 야기되었다. TNS 미디어 코리아의 조사 자료에 의하면 2005년에 정규 편성된 드라마(아침 드라마와 특집 드라마 제외)는 60편 정도인데, 그중 28편에 극중 아버지가 없고 특히 여주인공의 아버지가 없는 경우가 많았다. 저널리즘의 담론들은 텔레비전 드라마에 아버지의 등장 빈도가 낮은 것도 문제로 삼지만, 초라하고 왜소해진 모습에도 이의를 제기하고, 이를 현실에서 나타나는 아버지의 권위 상실과 연결하며 부권의 회복을 주장한다.

텔레비전 드라마에 재현된 아버지상을 분석하고, 오늘날 대중문화 속의 그러한 아버지 이미지가 정치적으로 어떤 함의를 가지는가를 밝히는 것이 이 글의 목적이다.

분석 드라마는 방송 3사의 일일연속극 <미우나 고우나>(KBS1), <아현동 마님>(MBC), <그 여자가 무서워>(SBS)이다. <미우나 고우나>는 2007년 9월 3일부터 2008년 5월 2일까지 172회에 걸쳐 방영되었으며, <아현동 마님>은 2007년 7월 16일부터 2008년 5월 9일까지 204회가 방영되었다. <그 여자가 무서워>는 2007년 10월 8일부터 2008년 4월 18일까지 127회가 방영되었다. 분석 대상으로 일일연속극을 선택한 이유는 일일연속극은 가족 시청 시간대에 방영되는 홈드라마의 성격이 강해 가족과 가정이 이야기의 중요한 소재로 다루어지기 때문이다. 또한 가족구조, 가족상, 가족 간의 관계와 그 안에서 나타나는 아버지상에 대한 묘사가 다른 장르보다 더 적극적이기도 하다.

1960년대 이후 한국 사회에서 핵가족화는 가족문제의 오랜 핵심이슈였다. 2000년대 들어와서는 가구 규모의 축소뿐만 아니라 형태의 다양화, 가족의 새로운 가치와 역할 부상이 사회적 이슈가 되고 있다. 새로운 가족 형태가 주류를 이룬다고 말할 수는 없지만, 이러한 현실은 전통적인 가족 관념을 해체하고 새로운 가족상을 구체화하는 데 중요한 역할을 할 것으로 보인다. '가족은 사회의 기본단위가 될 뿐만 아니라 텔레비전 세계에서도 보편적 요소'이다. 미디어가 재현하는 가족상 연구가 중요한 것은 그러한 재현이 가족 위기론·가족 해체론, 신가족론과 관련된 사회적 담론을 형성하는 데 실질적인 이데올로기적 역할을 수행할 수 있기 때문이다.

2. 한국 사회와 아버지

1) 아버지상의 역사적 변화

현실 사회에서 이상적인 아버지의 모습은 역사적으로 변해왔다. 아버지 상의 역사적 변화는 모성의 역사적 전개와 밀접한 관계를 이룬다. 유럽의 경우 18세기까지도 어머니로서 여성의 역할은 관심을 받지 못했지만, 아버지의 권한은 법을 통해서까지 강화되어 있었다. 어린이는 천성이 좋지 못하므로 충실한 신하로 양육되기 위해서는 엄격한 훈육이 필요하고, 따라서 어머니들은 자식들의 버릇이 나빠지지 않도록 무관심하고 매정한 표정을 지어야 한다는 것이다. 그러나 산업화가 도래하고 보수노동이 가정으로부터 분리되면서 아버지들이 일상적인 가족생활에 관여하는 경우가 줄어들었다. 경제 제공자, 생계 유지자로서의 남성의 역할이 강조되던 이 시기에 아버지에게는 가정 외 활동에 대한 책임이 부과되었고, 자녀 양육을 비롯한 모든 가사는 여성의 영역으로 규정되었다.

하지만 1960년대부터 아버지는 가정 외 활동에 전념해야 한다는 전통적인 성 역할 인식이 서서히 약화되기 시작했다. 기존 여성의 노동시장 참여율이 높아짐에 따라 경제 제공자로서의 아버지보다는 자녀 양육에 관여하는 부드러운 '양육적 아버지'가 새로이 부상한 것이다. 램(M. E. Lamb)은 아버지상이 도덕적 교육자, 생계 유지자, 성 역할 모델, 새로운 양육적 아버지 순으로 변하고 있다고 주장한 바 있다. 플렉(J. H. Pleck) 또한 오늘날의 아버지는 자녀의 출산 과정에 함께하고, 자녀가 어느 정도 성장한 후부터 양육에 참여했던 과거 아버지들과 달리 영아 때부터 자녀 양육에 참여하며, 자녀와 놀아주고 일상적인 양육에 참여하여 아들뿐 아니라 딸의 양육에도 적극 관여하는 등 여러 가지 점에서 과거의 아버지와 다르다고 지적한다.

　이렇게 20세기 후반에 들어와서 변화된 아버지상은 전 사회적인 변화의 맥락에서 이해될 수 있다. 한국에서 경제적 부양자로서의 아버지상은 1960년대 산업화 이후 본격적으로 등장했다. 한국 사회의 전통적인 가족주의는 가장인 남자의 사회적 성공과 출세를 강조하므로 대부분의 아버지들은 '가족보다 일이 더 중요하다'는 이데올로기를 수용하며 가정생활을 희생해왔다. 가족의 생계를 책임져야 한다는 아버지에 대한 요구는 한국에서 부성을 규정하는 강력한 코드이기 때문이다. 하지만 여성의 노동시장 참여가 증가하면서 가족 부양자로서의 아버지 역할도 자녀와의 활동을 추구하는 새로운 양육적 아버지로 변화했다. 1995년 한국여성개발원이 실제 남성들을 대상으로 그들이 생각하는 '바람직한 아버지상'을 조사한 결과, 대부분이 '경제적 조건을 충족시켜주는 아버지'보다는 '자상하고 친구같이 대화하는 아버지'를 이상적으로 여기고 있었다.

　여성들의 노동시장 참여가 증가하고 생계 유지자로서의 아버지 역할이 약화되면서 전통적인 아버지의 권위와 위상도 변하기 시작했다. 한국에서 아버지 위기론은 IMF를 계기로 집중적으로 조명되었지만 1970년대 중반에 이미 '발톱 빠지고 이빨 빠진 호랑이', '거세된 위엄' 등의 비유를 통해 등장했다. 1990년대 이후에는 대량 실직을 경험한 아버지의 비애나 소외감을 집중적으로 부각시키며 부성의 위기 담론을 증폭시켰다. 특히 1990년대 들어와서는 아버지의 부재, 존재 의미의 박탈이 부권 상실론의 주요 담론을 형성했는데, 이것은 텔레비전 드라마에서 아버지의 부재가 논의되기 시작한 시점과도 일치한다. 대중문화 속에서 권위적·전통적인 아버지상에 대한 비판이 등장한 것과 거의 동시에 장기화된 경제 불황으로 인해 명예퇴직, 조기퇴직 등을 경험하는 가장이 증가함에 따라 아버지의 위상에 대한 위기의식도 고조되었다.

　시대에 따라 변화하는 아버지에 대한 학문적 관심은 아버지 그 자체에 대한 사회적 관심에서 출발하기보다는 자녀와의 관계 혹은 모성과 대비되어 파생적으로 규정되어 왔다. 1960년대에는 자녀 성장 및 발달에 미치는 아버지의 역할을 규명하고자 했으며, 1970년대에는 서구 페미니즘의 영향으로 모성에 대한 비판적 인식이 고조되면서 부성에 대한 관심도 서서히 제기되기 시작했다. 1980년대 이후부터는 그 자신이 아버지라는 사실이 남성의 정체성과 삶의 의미에 어떤 영향을 주는가에 대한 관심이 집중되었으며, 최근에는 아버지로서의 책임과 의무 및 구체적인 역할을 새롭게 규정하고 실천하는 노력이 서서히 진행되기 시작했다.

2) 텔레비전 드라마와 아버지

한국에서는 1990년대 초반 트렌디 드라마가 유행하면서 아버지뿐만 아니라 가정과 가족 자체가 텔레비전 드라마의 배경으로서 매력이 약화되었다. 무엇보다 드라마 제작비용이 급속하게 증가하면서 출연료가 많은 성인 남성의 비중을 줄였고, 그 결과 아버지의 등장 횟수가 축소되었다. 텔레비전 드라마 속 아버지의 부재는 사회적으로 관심을 받고 있던 부권 상실론의 담론 속에서 저널리즘의 환영을 받았다. 혹자는 남성 위기설과 부권 상실론을 저널리즘 영역에서 성 역할 변화나 남녀의 위상 변화를 실제 수준보다 과장하면서 가부장적 지위와 권력을 재탈환하기 위해 사용하는 일종의 음모적인 도구라고 해석하기도 한다.

1960년대 이후 부권에 대한 논의가 진행되기는 했지만 아버지에 대한 연구의 역사는 아버지의 역사에 비하면 매우 짧다. 그만큼 '아버지의 위상은 연구의 필요성을 느끼지 않을 만큼 절대적으로 흔들리지 않는 그 무엇'이었다. 텔레비전 드라마 연구에서도 아버지는 조명받지 못했다. 1960년대 후반 서구에서 페미니즘이 사회운동으로 본격화됨에 따라 매스미디어가 여성을 어떻게 표상하는가에 대해서는 많은 문제제기가 있었지만 남성에 대한 연구는 많지 않다. 이는 남성은 그 자체가 지위나 권위에서 의심의 여지없이 확고하다는 페미니즘의 관점이 반영된 결과이기도 하다. 텔레비전 드라마 속의 성 이미지, 성 역할에 대한 연구는 1980년대 이후 꾸준히 진행되고 있지만 대부분이 여성상 연구이다. 남성상 연구는 김윤경(2002)의 「텔레비전 드라마의 남성상과 그 수용에 관한 연구: <경찰 특공대>를 중심으로」와 박나경(2005)의 「한국 텔레비전 드라마에 나타난 남성상 연구 : 현대 멜로드라마의 남성상 왜곡 현상 고찰」과 같은 석사논문에서 주로 다루어졌으며, 그 내용은 부정적 측면이 강조된 왜곡된 남성상 혹은 과도하게 이상화된 남성상에 대한 것이다.

지난 50여 년 동안 텔레비전 드라마에서 남성은 대체로 가부장제와 남성 우월주의 속의 인물로 재현되어왔지만, 2000년대 들어와서는 그 전형성을 탈피하여 재현된 경우가 종종 나타난다. 2000년대 이후 여성화된 예쁜 남성이 대중문화의 아이콘으로 등장하는 시점에서 드라마 속에 재현되는 남성, 특히 아버지상에 대한 점검은 저널리즘에서 주창하는 아버지 위기론의 담론 속에서 드라마 속 아버지의 모습이 실질적으로 어떤 정치적 함의를 갖는가를 밝혀내는 데 중요한 역할을 할 것으로 보인다.

3. 2000년대 텔레비전 드라마 속의 아버지

<미우나 고우나>, <아현동 마님>, <그 여자가 무서워>, 이 세 드라마를 통해 2000년대 한국 텔레비전 드라마에서 아버지가 가족관계 내에서 어떤 위치를 차지하는지, 또한 어떤 모습으로 재현되는지를 살펴보니, 세 드라마는 일일연속극이며 홈드라마라는 장르의 특성상 아버지를 어머니만

큼 비중 있게 다루었다. 아버지는 가족 구성원들의 일상생활에 관심이 많고, 인물마다 차이는 있지만 자녀와도 정서적으로 친밀하고 애틋한 관계를 형성하고 있었다(<아현동 마님>의 시향 아버지, <미우나 고우나>의 지영 아버지). 하지만 어머니는 자녀와 관련된 일(특히 결혼)에 구체적이고 적극적으로 관여하는 반면, 아버지는 자녀의 결정을 신뢰하고 지원하는 정신적인 후원자 역할에 충실한 경향이 있었다. 아내와의 관계에서 아버지는 훈육적이거나(<미우나 고우나>의 단풍 아버지) 수평적이며(<미우나 고우나>의 백호 아버지), 혹은 지나치게 충실한 아버지(<아현동 마님>의 길라 아버지) 등 다양하게 재현되었다. 재현된 모습은 다양하지만 아버지는 아내의 의사를 존중하고 가정의 소소한 고충을 하소연할 때도 적극적으로 반응하며, 아내에게 온화하고 다정다감하다는 점에서 공통적인 성향을 보인다. <사랑이 뭐길래>에서의 '대발이 아버지'로 대변되었던 권위적이고 독재적인 가부장적 아버지의 모습은 드라마의 어느 곳에서도 찾을 수 없었으며, 오히려 1991년 당시 민주적인 아버지 모습을 대표했던 '지은이 아버지'가 대세였다. 또한 아버지는 정신적 지주로서 가족을 묵묵히 지켜보는 역할에 더하여 가족의 아픔을 헤아리는 적극적인 가족 구성원으로 등장했다.

드라마 속의 아버지는 대부분 사회적으로도 유능했다. 특히 <미우나 고우나>의 아버지들은 기업 총수(백호 아버지)이거나 고위 공직자(단풍 아버지) 혹은 동물병원 원장(지영 아버지)으로 사회적으로 높은 위치를 가지고 있다. <그 여자가 무서워>의 은애 아버지도 재벌 총수이다. 서민적인 평범한 아버지는 빌딩 경비원이었던 <아현동 마님>의 시향 아버지뿐이었다. 자녀와 친밀한 것은 아버지들의 공통적인 특징이지만 사회적 지위에 따라 다르게 묘사되었다. 사회적 지위가 높은 아버지는 자녀와의 관계에서 여유로운 정신적인 후원자로 묘사되고, 사회적 지위가 낮거나 경제적 위기를 겪은 아버지는 자녀(딸)의 일에 직접 관여하고 훈수를 두어 전통적인 어머니 이미지와 중첩되어 나타났다. 가정 내 어머니 역할을 사회적으로 무능한 아버지와 연결함으로써 '가정적인 역할 = 무능함'의 관계를 성립시키고 있었다.

1) 가족관계에서 아버지 위상

자녀와의 관계에서 아버지는 '아버지—아들'보다는 '아버지—딸'의 관계에서 더 친밀하게 묘사되었다. 이은미(1993)의 분석에 따르면 아버지는 아들이나 딸과의 커뮤니케이션 행위에서 일방적인 주도권을 행사하고, 특히 딸보다 아들에 대한 주도권 행사가 압도적으로 많았다. 하지만 이 연구에서 분석한 드라마에서는 '아버지—딸'의 관계가 두드러지며 '아버지—아들'의 관계는 매우 약하게 나타났다. 아버지는 자녀와 가벼운 경어로 대화하면서 군림하지 않고 수평적인 관계를 유지했다. 또 딸들의 연애에 관심이 많아서 여러 가지 조언을 하지만, 딸의 결정은 그것이 무엇이든 간에 신뢰하고 지원하는 후원자로서 친구 같은 모습으로 묘사되기도 했다(<미우나 고우나>의 지영 아버지, <아현동 마님>의 시향 아버지).

흥미로운 것은 두 경우 모두 아버지가 사회적·경제적으로 무능력한 경우라는 점이다. 지영 아버지는 동물병원을 운영하지만 경제적으로 위기를 겪게 되어 딸의 옛 애인(나선재)이 빚을 갚아주면서 딸을 곤경에 빠뜨린다. 시향 아버지 또한 시향을 탐내는 성종의 빌딩 경비원으로 일하며, 오만하고 무뢰한 성종을 마음에 들어하지 않지만 경제적인 이유로 딸과 결혼하는 것을 막지 못하고 속만 태운다. 그러다가 결혼식에서 쓰러져 육체적으로도 불편한 몸이 되었다. 반면 사회적 지위가 높은 아버지들(<미우나 고우나>의 단풍 아버지, 수아 아버지, <그 여자가 무서워>의 은애 아버지)은 딸들에 대한 애정을 직접적으로 표현하지 않는다. 심지어 은애 아버지는 사위의 옛 애인

<그림 3-1> <미우나 고우나>의 인물관계

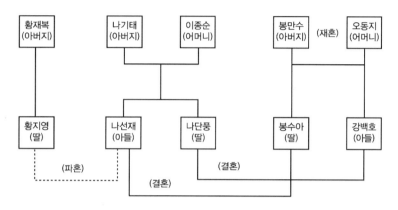

을 흠모하여 딸에게 상처까지 준다. 이 아버지에서는 부성보다 남성성이 더 강조되었다.

한편 아내와의 관계에서 아버지는 권위적인 모습으로 묘사되기도 하지만 대체로 부부 중심으로 이동하는 아버지의 모습, 즉 가족의 중심 구조에서 변해가는 가정적인 아버지상을 보여주고 있으며, 가정 내에서 아내의 발언권을 존중하는 남성으로 표상되었다. <미우나 고우나>의 지영 아버지는 상처하고도 죽은 아내를 못 잊어 홀로 지영을 양육하고, <아현동 마님>에서 길라 아버지는 아내를 너무 사랑해서 아내가 좋아하는 음식 만드는 일을 즐거움으로 삼는 지나친 애처가로 표현되었다. <미우나 고우나>에서 백호의 양아버지 또한 첫사랑이었던 연상의 백호 어머니를 잊지 못해 어머니의 반대에도 불구하고 재혼을 감행한다. <미우나 고우나>의 단풍 아버지만이 초조하고 불안정한 성격의 아내를 가르치고 훈육하는 전통적인 가부장적 남편의 모습으로 표현되었다. 하지만 이들은 공통적으로 감정 표현에 익숙하고 아내에게 다정다감한 면이 있다. 세 드라마에서 아버지는 가족들과 전통적인 수직적 관계보다는 수평적인 이상적 관계를 형성하고 있었다.

<그림 3-2> <아현동 마님>의 인물관계

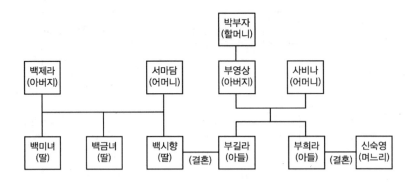

2) 재현된 아버지상

과거에는 가족을 대표하여 가족을 이끄는 엄한 아버지상이 전형적인 것으로 받아들여졌다. 하지만 최근의 텔레비전 드라마에서는 여성과 남성의 이분법적 구조에서 묘사되던 아버지상이 약화되었다. 드라마 속 아버지는 자녀와 친밀하고 아내와는 동지적이며, 더 이상 가부장제에 함몰된 권위적인 아버지가 아니다. 전통적으로 모성의 영역으로 간주되던 따뜻하고 자상한 모습이 아버지에게도 투영되어 감정적 표현에도 익숙한 모습으로 재현되었다. 텔레비전 드라마 속 아버지는 대체로 경제적으로 유능하고 가정 내에서 결정권도 강한 아버지, 사회에서 소외되고 가정과 자녀와의 관계에 집착하는 무기력한 아버지, 등장하기는 하지만 역할과 의미가 제한된 아버지로 구분되었다.

경제적·사회적으로 무능한 아버지에게는 전통적으로 텔레비전 드라마 속의 여성에게서 발견된 이미지가 중첩되어 있었다. <아현동 마님>에서 시향 아버지는 큰딸의 갈등에 어떤 실질적인 도움도 주지 못하고 가족 갈등을 적극적으로 이겨내지 못하는 무능한 아버지이며, 결국 큰딸의 결혼

<그림 3-3> <그 여자가 무서워>의 인물관계

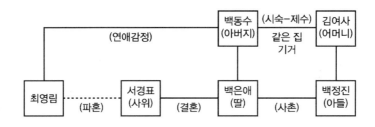

식에서 쓰러지면서 결혼을 막는 소극적인 아버지이다. 또한 연하인 부길라 (검사)의 청혼에 마음을 정하지 못하는 딸에게 어떤 적극적인 조언도 하지 못한다. 아내는 우유부단하고 시향의 동생인 금녀와 미녀보다 검사인 시향을 편애하는 남편이 항상 못마땅하다. 딸들과 수평적인 관계를 맺고 있지만 사회적 지위도 가정에서의 권위도 지니지 못한 시향 아버지는 이제 육체적으로도 불편해진 초라한 모습으로 재현된다. 한편 시향 어머니는 고집스러운 남편 때문에 마음고생을 했지만, 보증을 잘못 서서 집을 날리고 남편과 자식을 뒷바라지하는 일보다는 먹고 노는 일에 열중하는 역할로 등장하면서, 희생하고 헌신하는 전통적인 어머니와는 다르게 묘사되었다.

사회적 지위가 높고 경제적으로 능력 있는 아버지는 조금 다른 모습으로 묘사된다. <미우나 고우나>의 단풍 아버지는 건설교통부 차관으로 강직하고 청렴한 공무원이며, 가정에서는 질투심과 욕심이 많고 호들갑스러운 아내를 가르치며 훈수하는 권위적인 남편이다. 반면 자녀에게는 엄격할 때도 있지만 그들의 의사와 결정을 존중하는 민주적인 아버지이다. 드라마 속에서 사회적 지위가 높은 아버지는 경제적인 부양자인 동시에 가정의 정신적 지주이다. 그러나 과거의 아버지만큼 권위적이지는 않다. 대부분 가족 공동체 중심의 아버지상을 보여주고 있으며, 개인적 만족을 추구하는 이기적인 아버지의 모습은 거의 보이지 않는다.

<그 여자가 무서워>는 조금 다르다. 주요 인물 네 명 중에서 은애를 제외하면 모두 아버지가 없다. 은애 아버지조차도 아버지 역할을 거의 하지 않으며 로맨스에 빠져 자녀에 대한 의무나 책임은 외면하는, 즉 가족에 대한 의무에서 후퇴한 일종의 '역할 거부자'로 표상된다. 그것은 백 회장의 존재가 딸과의 관계에서보다는 사위의 옛 애인인 최영림과의 로맨스에서 비중 있게 다루어지기 때문이다. 따라서 이 드라마에서는 아버지가 등장하지만 아버지로서의 의미는 없다. <아현동 마님>의 길라 아버지도 마찬가지이다. 길라 아버지는 극에서 차지하는 비중이 매우 적으며 등장하더라도 아내 사비나의 환심을 사기 위해 노력하는 남편 역할에 그친다. 아내를 너무 사랑해서 길라 할머니의 눈치를 살피는 지나친 애처가이며 아버지의 역할에는 관심이 없다.

이렇게 아버지가 등장하지만 아버지의 의미가 퇴색된 것은 여성들을 중심으로 진행되는 에피소드 때문이기도 하다. <아현동 마님>의 시향이네는 엄마와 세 자매 중심으로, 길라네 집은 할머니, 어머니, 두 며느리를 중심으로 이야기가 진행된다. <아현동 마님>에서는 다른 두 드라마에 비해 패권화된 여성과 모성의 역할이 더욱 강하게 부각되었다.

4. 재현된 아버지상의 정치성

2000년대 들어와서 텔레비전 드라마에 재현된 가족관계에서는 아버지의 쇠락과 여성(어머니, 며느리)의 강화가 주요 화두였다. 개별 드라마 내에서도 아버지의 위상이 과거와 다르게 묘사된 경우도 있지만, 아버지 자체가 소재인 KBS2의 주말연속극 <아버지처럼 살기 싫었어>(2001), 가정 내에서 아

버지의 전통적인 위상과 의미를 되짚어보게 하는 <부모님 전상서>(2004)
는 오늘날 가정에서 아버지의 위치를 돌아보게 한다. <아버지처럼 살기
싫었어>는 경제적으로 무능하며 가슴속에는 평생을 사랑해온 여자를 두고
있는 아버지와 낚시터에서 매운탕을 끓여주고 생계를 유지하며 큰아들의
성공만을 희망하는 어머니를 둔 형제의 이야기이다. 큰아들은 아버지를 보
며 사랑하는 여자와의 결혼을 추구하고, 작은아들은 아버지의 무능력을 경
멸하며 성공을 추구한다. 두 아들 모두 아버지처럼 살기 싫었지만 하나는
사랑을 선택하고 하나는 사랑을 버린다. 사랑을 선택한 형도 성공을 선택한
동생도 힘들게 살아가는 과정을 그리며 아들의 선택을 통해 왜소해진 아버
지의 모습을 돌아본다. 반면 <부모님 전상서>에서 아버지는 가정의 중심
으로 가족을 이끄는 정신적 지주로서의 아버지에 대한 향수를 부모님께
올리는 편지글 형식으로 해소한다. <엄마가 뿔났다>는 전통적인 어머니의
역할에 문제를 제기하면서도 오늘날 초라하고 왜소해진 가정 내에서의 아
버지상을 부각시키는 결과를 가져왔다. KBS2의 <며느리 전성시대>(2007),
MBC의 <굳세어라 금순아>(2005) 등 모두 가족 내에서 여성의 지위 향상
과 자녀 양육에서의 권리를 주장하며, 부계가족 중심의 가족관계와 아버지
중심의 가정 질서에 문제를 제기한다. KBS1에서 2003년 방영된 <노란
손수건>은 호주제의 변모와 가족관계에 대한 관념에도 영향을 미치게 되면
서 여성계에서도 큰 관심을 가졌다.

텔레비전 드라마에서 아버지는 더 이상 가족 구성원들 사이에서 군림하
는 아버지가 아니다. 근엄하고 권위적이지 않은 아버지, 아내와 자녀에게
부드러운 아버지, 가정 내 대소사에 결정권이 커진 어머니의 묘사는 마치
한국 사회에서 가부장제가 쇠락한 것 같은 상상을 만들어낸다. 하지만 텔레
비전 드라마 속의 가족질서는 여전히 남성 중심적이다. 우선 드라마 내에서
는 여전히 부계 중심의 확대가족 형태가 지배적이며, 이러한 가정 내 가족관

계는 고부간 갈등, 가족 내 할머니(혹은 시어머니)의 발언권 강화, 주변적 공간으로서의 친정집 등이 특징으로 나타난다. 모계 중심의 확대가족은 경제적 의지를 위한 처가살이를 제외하고는 거의 찾아볼 수 없다. 한국의 가족 형태에 대한 사회학, 여성학 분야 연구의 대부분이 1990년대 이후 한국 사회의 가부장적 질서에 균열이 발생하고 있으며, 남편의 친인척 중심이었던 가족 관계도 새롭게 재편되고 있다고는 한다. 하지만 여성 친인척과의 관계는 대부분이 정서적이며, 가정의 중대사 논의는 거의 남성 친인척 중심으로 이루어지면서 남성 주도의 질서가 여전히 유지되고 있는 것으로 평가한다. 이러한 현실은 텔레비전 드라마 내에서도 유사하게 진행되고 있다.

지금까지 분석한 텔레비전 드라마 속에서 아버지는 대부분 도덕적이고 온화하고 완벽한 인물로서 자녀의 정신적 후원자이며 어머니보다 이상적인 인물로 묘사되어 가족관계 내에서의 중요성이 부각되었다. 자녀들은 아버지의 가부장적 권위에 복종하는 것이 아니라, 자녀의 의사를 존중하는 포용력 있는 아버지에게 정서적으로 의존했다. 때로는 '어머니─자녀' 간의 갈등을 중재하면서 어머니는 갈등 야기자로, 아버지는 갈등의 해결자로 묘사하는 경우도 있었다. 텔레비전 드라마 속 아버지는 상상적이고 이상적으로 표상되면서 어머니보다 훨씬 더 합리적이고 민주적인 존경의 대상으로 표현되었다. 드라마 속 아버지의 부재, 아버지 의미의 퇴색, 부권상실 등 수많은 저널리즘적 담론에도 불구하고 실제로 텔레비전 드라마 속의 아버지는 어머니보다 우월하고 도덕적인 존재로 표상되었다.

시대의 요구에 따라 텔레비전 드라마 속 아버지는 가족의 지배자로서의 가부장적 권위를 더 이상 누릴 수는 없지만 여전히 가족의 규범으로 존재함이 확인되었다. 하지만 그 '이상적인 아버지'는 자녀와의 관계에서 어떤 중요한 실질적인 역할도 담당하지 못함으로써 자녀 양육에 절대적으로 필요한 것이 전통적인 모성이라는 사고를 재생산하여 어머니(여성)의 역할을 가중시키고 있었다. 어머니는 자녀 양육에 절대적으로 필요한 존재로 묘사되지만 아버지처럼 이상적인 인물로 재현되지는 않았다. 이상화된 아버지상과 현실적인 어머니 역할을 대비시키며, 아버지는 가정 내에서 상징적이고 정신적인 역할자로 묘사하고 어머니는 패권적인 여성 이미지와 강제적인 모성 이데올로기 속에 가둬버린 것이다.

이상의 결과는 텔레비전 드라마가 남성보다 여성에 대해 왜곡의 정도가 심하다는 보편적 사고를 성찰해볼 수 있게 한다. 남성(아버지)에 대한 왜곡 또한 과도하다. 여성 왜곡과의 차이라면 여성은 가부장적 질서에서 피지배자의 특성이 더 강조되는 반면, 아버지(남성)는 이상적 인물로서 관계 속의 우위에 있는 역할자로서의 특성이 강조된 점이다. <아현동 마님>의 시향 아버지나 <미우나 고우나>의 지영 아버지처럼 사회적 관계에서 왜소해지고, <아현동 마님>의 길라 아버지처럼 모권에 의해 '기가 죽은' 아버지로도 재현되면서 과거처럼 남성을 우월적인 지위의 인물로 묘사하는 외연적 특성은 적어졌지만, 가부장제 구축의 기본 축인 아버지에 대한 내재적인 공식은 크게 변하지 않았다. 이는 한국의 홈드라마가 가장인 남자의 사회적 성공과 가정 내에서의 권위를 강조하는 한국의 전통적인 가족주의 관념에 의해 오랫동안 지배되어온 것과 무관하지 않다.

가부장제 사회를 유지해온 핵심 기제인 부권, 즉 아버지의 변화는 사회 변동에 대응하는 가족의 적응 방식이기도 하다. 아버지상의 변화는 점차 다양화되는 현대 사회 속에서 가정과 가족이 적응해가는 하나의 과정으로써 긍정적으로 이해될 수도 있다. 하지만 매스미디어가 강력해진 어머니(여성)와의 대립 구도에서 아버지를 재현하는 것은 여성을 패권적인 여성 이미지와 강제적인 모성 이데올로기 속에 위치 지으며 이중으로 처벌할 수 있다. 여성들의 교육 수준이 향상되고, 여성들이 적극적으로 사회활동에 참여함으로써 한국에서 여성의 지위가 과거에 비해 나아졌다고는 하지만 여성의 사회참여 기회나 임금 수준은 남성에 비해 여전히 열악하다. 유엔개발계획(UNDP)이 매년 발표하는 「인간개발보고서」에 따르면 한국의 남녀평등지수(Gender-related Development Index: GDI)는 2007년 157개국 중 26위로 그 전의 여러 해들에 비해 점차 상승하고 있지만, 여성의 정치·경제활동과 정책결정 참여를 기준으로 평가하는 여성권한척도(Gender Empowerment Measure: GEM)는 2004년 78개국 중 68위, 2007년 93개국 중 64위로 여전히 하위권이다. 공공업무에 종사하는 여성의 비율이 증가하고, 2007년 외무고시에 여성 수석 합격자가 배출되었으며, 합격자 중 여성비율이 67.7%에 이르지만 정책결정권을 가진 고위 여성공직자는 여전히 소수에 불과하다. 여성권한척도가 남성평등지수보다 낮다는 것은 한국의 남녀차별 양상의 정도를 보여준다. 여성의 권한과 사회적 지위가 여전히 열악한 수준에 머물러 있음에도 1990년대 이후 급격하게 확산된 남성 위기론 혹은 부권 상실론의 담론은 남성의 역차별을 주장하는 데 적극적으로 활용된다. 2006년 통계청의 비경제활동 인구 조사에 의하면 가사를 전담하는 남성이 15만 1,000명으로 2003년의 10만 6,000명보다 45%가 늘어났다. 이는 전형적인 남성상과 여성상의 경계가 약화되면서 가사를 돌보는 남성에 대한 거부감이 줄어든 탓이기도 하다. 하지만 이러한 통계조차 남성 위기 담론 형성의 기본 자료로 활용된다.

2008년 하반기, 텔레비전 드라마의 제작진들은 아버지의 재조명을 중요한 이슈로 삼고 있다. 세계적 금융위기라는 현실 상황도 한 요인이겠지만, 최근에는 아버지를 주제로 다루는 드라마들이 속속 방영되고 있다. <엄마가 뿔났다>의 후속 드라마인 <내 사랑 금지옥엽>에서는 혼자 두 아이를 기르며 살아가는 전직 가수의 진한 부성애가 드라마의 중요한 플롯을 이룬다. 드라마 제작진은 "엄마, 아줌마들을 위로하는 스토리의 드라마는 많았지만 이 시대 고개 숙인 아빠들을 대변하는 드라마는 적었다. 처음으로 아버지 이야기를 본격적으로 하고자 한다"고 기획 의도를 밝혔다. 2009년 6월에 종영한 KBS1의 <집으로 가는 길> 또한 아버지에 초점을 맞춘 가족 드라마다. 2008년 7월 종영한 SBS의 <일지매>에서 자식을 위해 모든 것을 희생하는 아버지가 크게 호응을 얻은 이후 본격적으로 아버지가 조명받기 시작한 것이다.

한 시대의 이상적인 가족상, 가족 이미지는 실제 가족을 이루는 구조와 관념 속의 가족구조에 따라 구성된다. 전자가 현실이라면 후자는 재현된 가족상의 부분이며, 그 과정에서 시각적 사실성을 갖춘 텔레비전은 핵심적인 도구로 기능한다. 텔레비전 드라마 속의 모성 이데올로기가 튼실한 가부장제의 관념 속에서도 존재했지만 부권 상실을 주창하는 현시점에도 여전히 강조된다는 점이 텔레비전 드라마에 대한 가부장적 이데올로기 논쟁을 여전히 유효하게 만들고 있다.

94

참고문헌

김수아·강명구·우위지에·차이판. 2007. 「가족관계의 변이: 한·중 텔레비전 드라마
　　에 나타난 가족관계의 재현」. ≪방송연구≫, 겨울호, 145, 156~157쪽.
김인홍. 1997. 「아버지상의 역사적 변천」. ≪교육사회학연구≫, 7권 1호, 73~84쪽.
이은미. 1993. 「프라임 타임 드라마에 나타난 가족구조 분석」. ≪한국방송학보≫,
　　168, 179쪽.
임인숙. 2006. 「한국 언론의 부권 상실론의 변화와 정치성」. ≪가족과 문화≫,
　　18집 4호, 65~92쪽.
조혜정. 1985. 「한국의 사회 변동과 가족주의」. ≪가족문화인류학≫, 17, 79~85쪽.
한국여성개발원. 1995. 『부성 계발에 관한 연구』. 서울: 한국여성개발원.
함인희. 1997. 「현대사회 아버지상의 재발견」. ≪가족과 문화≫, 9집 2호, 2~3쪽.

Lamb, M. E. 1987. "Introduction: The Emergent American Father." In M.
　　Lamb(ed.), *The Father's Role: Cross-Cultural Perspective*. New Jersey:
　　Lawrence Erlbaum Associates, pp. 3~25.
Pleck, J. H. 1993. "Are 'Family-Supportive' Employer Policies Relevant to Men?"
　　In J. C. Hood(ed.), *Men, Work, and Family*. Newbury Park, CA:Sage Pub.
　　pp. 217~237.

제2부

가족 속의 미디어

제4장

디지털 미디어와 가족 커뮤니케이션:
부모 - 자녀 관계를 중심으로

배진아 (공주대학교 영상광정보공학부 교수)

1. 서론

커뮤니케이션의 과정에서 어떤 미디어를 선택하는가는 상호 작용의 방식과 내용에 영향을 미친다. 특정 미디어에 의해서 매개된 커뮤니케이션은 직접적인 커뮤니케이션 혹은 다른 미디어에 의해 매개된 커뮤니케이션과는 다른 형식과 절차를 갖게 되며, 이에 따라 내용적인 면에서도 다른 의미들을 갖게 된다. 일상의 커뮤니케이션에서 어떤 미디어를 선택할지를 결정하는 것은, 커뮤니케이션의 시간적·공간적 조건과 더불어 전달해야 할 내용과 대화 상대 등 커뮤니케이션의 제 속성에 대한 광범위한 고려를 통해서 이루어진다. 예를 들어 어머니가 자녀와 성적에 대해 이야기하려고 할 때, 소통의 주된 내용이 무엇이며 자녀와의 관계가 어떤지에 따라서 직접 만나서 이야기할 것인지, 전화로 할 것인지, 문자메시지를 보낼 것인지, 편지를 쓸 것인지 등의 커뮤니케이션 미디어를 선택하게 된다. 만약 어머니와 자녀

* 이 장은 「디지털 미디어와 가족 커뮤니케이션: 모자간 소통을 중심으로」, ≪사이버커뮤니케이션학보≫, 27(1)의 주요 연구 결과를 토대로 작성했다.

의 관계가 원만하고 성적에 대해 긍정적인 내용의 대화를 나눌 수 있는 상황이라면 쉽게 직접 대면하는 커뮤니케이션을 선택할 것이고, 어머니와 자녀의 관계가 좋지 않고 성적에 대해서도 민감하고 부정적인 대화를 나누어야 할 상황이라면 문자나 편지 등 간접적인 커뮤니케이션 미디어를 선택할 가능성이 커진다. 이렇게 커뮤니케이션의 상황과 속성에 따라 다른 미디어를 선택하는 경향은, 어떤 미디어를 선택하는가에 따라 커뮤니케이션의 형태와 내용이 크게 달라질 수 있다는 점을 반증한다.

이처럼 미디어는 커뮤니케이션의 형식과 내용에 중요한 영향을 미치며, 새로운 미디어의 등장은 사회 구성원들의 커뮤니케이션에 많은 변화를 가져오게 된다. 이미 널리 알려져 있는 것처럼, 인터넷이나 휴대전화로 대표되는 디지털 미디어는 시간적·공간적 한계를 극복하는 커뮤니케이션을 가능하게 했으며, 더 많은 정보가 소통될 수 있게 했고, 커뮤니케이션의 상호작용적인 속성을 극대화했다. 또한 디지털 미디어는 개인적으로 이용되는 동시에 다른 사람과 언제나 연결되어 있는 것을 가능하게 하는 속성으로 인해, 정보 사회의 인간을 연결되어 있는 개인(networked individual)으로 만들기도 했다.

그렇다면 디지털 미디어는 사회보다 작은 단위의 집단인 가정 내에서 어떻게 수용되고 있는가? 디지털 미디어의 채택과 수용이 가족 구성원들 사이의 커뮤니케이션 방식과 내용에 어떠한 변화를 가져오는가? 만약 디지털 미디어가 가족 커뮤니케이션에 변화를 가져온다면, 그것은 일상의 삶 속에서 어떠한 방식으로 나타나는가? 이러한 질문이 이 글에서 답하고자 하는 것들이다. 디지털 미디어와 가족 커뮤니케이션의 관계에 관심을 갖는 것은, 현실에서 디지털 미디어가 채택되고 이용되는 가장 기초적인 단위가 가정이며, 디지털 미디어를 둘러싼 다양한 실천이 이루어지고 있는 장소 또한 바로 가정이기 때문이다. 이 글에서는 특히 가족 구성원 사이의 커뮤니케이션 중에서도 부모와 자녀 사이에서 이루어지는 커뮤니케이션에 초점을 맞추어 논의를 전개하고자 한다. 디지털 미디어가 부부 사이의 커뮤니케이션이나 형제자매 사이의 커뮤니케이션에서도 다양한 방식으로 나름의 기능을 수행하지만, 특히 부모와 자녀가 소통하고 관계를 형성하는 과정에서 미치는 영향에 관심을 갖는다.

부모와 자녀 사이의 커뮤니케이션에서 디지털 미디어가 어떠한 영향을 미치는가에 대해 논의하기 위해서 초등학생에서 고등학생까지의 자녀를 둔 어머니들을 대상으로 집단 인터뷰를 실시했다. 다섯 차례에 걸쳐서 총 13명의 어머니와 가정에서의 미디어 이용, 가족 커뮤니케이션, 가족관계 등에 대해서 자유롭게 이야기하고 토론하는 형태로 인터뷰를 진행했다. 이 글은 인터뷰 결과를 토대로 가족 구성원의 디지털 미디어 이용이 부모와 자녀의 관계 형성 및 커뮤니케이션과 어떻게 관련되어 있는지를 서술한 것이다.

2. 가족 커뮤니케이션

가족 구성원들 사이에 이루어지는 다양한 형태의 커뮤니케이션을 모두 포괄하여 가족 커뮤니케이션이라 할 수 있다. 즉, 가족 커뮤니케이션은 부부, 부모—자녀, 자녀들 사이에 이루어지는 모든 상호 작용을 지칭하며, 이는 곧 가족 구성원들이 공동의 이해를 도모하는 양방향적인 과정을 의미한다.

가족 커뮤니케이션의 양식은 시대 및 사회적 속성에 따라 다른 모습을 보이기도 하고, 가족관계 및 가족체계의 유형에 따라 다른 양상을 띠기도 한다. 과거 조선시대와 비교했을 때 현재의 가족 커뮤니케이션은 크게 달라졌으며, 미국 사회에서의 가족 커뮤니케이션은 한국의 그것과 또 다른 모습

을 보인다. 그리고 가족관계가 권위적인지 자율적인지, 가족체계가 높은
응집력을 보이는지 유리되어 있는지 등에 따라서 가족 커뮤니케이션은 다
른 모습으로 나타난다. 따라서 가족 커뮤니케이션을 이해하기 위해서는
상호 작용이 발생하는 시대적·사회적 배경과 가족관계의 유형 등에 대한
이해가 선행되어야 한다.

　가족 커뮤니케이션의 속성을 이해하기 위해, 가족관계의 유형이 가족
구성원 사이의 커뮤니케이션과 어떻게 관련되어 있는지에 대해 간단히 언
급해보도록 하겠다. 가족관계의 유형은 다양한 방식으로 구분할 수 있는데,
특히 부모－자녀 관계를 중심으로 독재형, 허용형, 권위형, 모범형으로 분류
해볼 수 있다(성윤숙, 2000). 독재형 가족관계에서 부모는 규칙을 만들어서
자녀를 통제하며 자녀가 규칙을 따르도록 명령하지만 그에 대해 설명하지
는 않는다. 허용형 가족관계에서는 부모가 자녀에게 아무런 통제를 가하지
않고 자녀의 자율성을 최대한 존중하지만 뚜렷한 자녀 양육 방법을 발견하
기는 힘들다. 권위형 가족관계에서 부모는 자녀를 적극 지원하며 부모의
기대감에 대해 설명하고 자녀의 자율성을 높이 평가하며 규칙을 설명하여
자녀가 이해하고 따르도록 이끈다. 마지막으로 모범형 가족관계의 부모는
자녀의 행동에 관심이 많지만 행동규제를 위한 규칙을 만들지는 않으며
가족회의에 자녀를 참여시키고 가족들이 높이 평가하는 행위에 대해 스스
로 모범을 보여준다.

　부모와 자녀의 커뮤니케이션은 부모와 자녀의 관계에 따라 큰 차이를
보인다. 독재형 가족관계에서 부모와 자녀의 커뮤니케이션은 통제의 목적
으로 주로 이루어지기 때문에 일방향적이며, 자유로운 분위기에서 활발하
게 이루어지지 못하기 때문에 그 양도 적다. 허용형 가족관계의 경우는
자녀에게 아무런 통제를 가하지 않기 때문에 부모와 자녀 사이에 자유롭게
상호 작용적인 커뮤니케이션이 이루어지지만 양은 많지 않다. 권위형 가족

<표 4-1> 가족관계와 가족 커뮤니케이션의 관계

		커뮤니케이션의 양	
		적음	많음
커뮤니케이션의 상호 작용성	일방향적	독재형 가족관계	권위형 가족관계
	상호 작용적	허용형 가족관계	모범형 가족관계

관계에서는 부모가 자녀에게 많은 것을 설명하고 이해를 구하기 때문에 커뮤니케이션의 양이 많은 반면, 부모에서 자녀로 향하는 커뮤니케이션의 양에 비해 자녀에서 부모로 향하는 커뮤니케이션의 양이 상대적으로 적기 때문에 커뮤니케이션이 일방향적이라고 할 수 있다. 한편 모범형 가족관계에서는 부모와 자녀가 잦은 커뮤니케이션을 하기 때문에 커뮤니케이션의 양이 많으며, 가족회의 등의 방식을 통해서 자녀의 의견을 가족 규칙에 반영하려 노력하기 때문에 커뮤니케이션이 양방향적으로 이루어진다.

독재형 가족관계와 권위형 가족관계는 의사소통의 주제와 방식이 부모에 의해서 일방적으로 선택되며, 권력의 행사와 통제가 강조되는 통제적 커뮤니케이션이 이루어진다. 허용형 가족관계와 모범형 가족관계는 솔직하고 자유로운 감정과 정보의 교환이 이루어지며 지지적이고 개방적인 커뮤니케이션이 이루어진다고 볼 수 있다. 또한 독재형과 허용형은 부모와 자녀 사이의 커뮤니케이션이 활발히 이루어지지 못하는 반면, 권위형과 모범형은 부모와 자녀 사이의 커뮤니케이션이 상대적으로 적극적으로 이루어지는 가족관계이다. 결국 부모가 자녀와의 관계를 어떻게 정의하고 어떠한 자녀 양육 방식을 선택하는가 하는 부분은 가족 커뮤니케이션의 양식과 밀접하게 관련되어 있다.

가족관계의 유형에 따라 달라지는 가족 커뮤니케이션 방식은 자녀의 성장에 중요한 영향을 미친다. 기존 연구들을 통해서 가족 커뮤니케이션의 방식이 자녀의 인성과 행동발달 과정에 중요한 영향을 주며(이경림, 2003),

가족 커뮤니케이션이 상호 작용적이고 개방적일수록 자녀의 공격성이 감소하는 경향이 있다는 점이 밝혀진 바 있다(최이정, 2005). 또한 부모와 자녀의 커뮤니케이션이 자녀의 학교생활 적응(장영애·박정희, 2007)과 자아존중감(오윤선, 2008) 형성, 청소년의 비행과 중독(김영희·안상미, 2008)에 영향을 미치기도 한다.

3. 디지털 미디어와 가족 커뮤니케이션

디지털 미디어는 개인, 집단, 사회 등 다양한 수준에서 이루어지는 커뮤니케이션의 양식과 관행에 변화를 가져왔다. 이는 가족 사이의 커뮤니케이션, 특히 부모와 자녀의 커뮤니케이션에서도 마찬가지이다. 디지털 미디어가 부모와 자녀의 커뮤니케이션과 어떠한 관련이 있는지에 대해서 여러 학자들이 관심을 갖고 연구를 해왔는데, 이는 디지털 미디어가 가족 커뮤니케이션에 미치는 영향에 관심을 갖는 연구와 반대로 가족 커뮤니케이션이 디지털 미디어에 미치는 영향에 관심을 갖는 연구로 나누어볼 수 있다.

디지털 미디어가 가족 커뮤니케이션에 미치는 영향에 대한 연구들은 다시 긍정적 영향에 초점을 맞춘 연구와 부정적 영향을 우려하는 연구로 나누어볼 수 있다. 전자의 관점에서는 인터넷 이용이 가족 간의 대화를 더 많아지게 하고 가족 상호 간에 도움을 줄 수 있는 기회를 증가시키며(박부진, 2000), 인터넷과 휴대전화가 부부간, 부모와 자녀 간의 의사소통이나 친밀감을 증대시키고 갈등을 해소하는 수단이 될 수 있다는 사실이 발견되었다(김성국 외, 1999). 또한 가족 구성원 가운데 어머니(주부)가 인터넷을 적극적으로 사용할 경우 가족관계의 친밀감을 증가시키고 가족들의 대화 내용이 더 풍부해지며(이현아·이기영, 2004), 휴대전화가 시간과 공간을 초월해서 원격 어머니 노릇을 할 수 있도록 도움을 준다는 연구 결과가 나오기도 했다(김명혜, 2006). 인터넷이나 휴대전화 같은 디지털 미디어들이 가족 간의 효율적인 커뮤니케이션을 돕는 동시에 커뮤니케이션의 내용을 더 친밀하고 풍요롭게 하는 매개로 기능한다는 것을 알 수 있다.

다른 한편으로 디지털 미디어가 가족들 사이의 관계를 나빠지게 하거나 가족 구성원들 사이의 커뮤니케이션에 부정적인 영향을 미친다는 점도 지적된 바 있다. 자녀의 컴퓨터 이용 시간이 길수록 부모와의 관계가 더 나빠지는 경향이 발견되기도 했으며(성윤숙, 2000), 인터넷에 중독되어 있는 청소년의 경우 일반 청소년들에 비해 가족과의 의사소통에 어려움을 겪고, 가족 구성원과 원만한 정서적 교류를 하지 못한다는 연구 결과가 나오기도 했다(신영주 외, 2003).

또한 가족 커뮤니케이션이 디지털 미디어의 이용 행태에 미치는 영향에 초점을 맞춘 연구들도 있다. 가족관계를 직접적으로 살펴보지는 않았지만 가족 구성원의 사회경제적 배경이 인터넷의 유용성 평가나 효능감, 정보 추구적 이용 태도 등에 영향을 미친다는 분석 결과는(허윤정, 2006) 가족관계가 인터넷 이용 행태와 관련되어 있음을 보여준다.

가족 커뮤니케이션이 디지털 미디어 이용에 미치는 영향에 대해서는 주로 부정적인 관점에서 연구가 이루어졌다. 가족 구성원 중 어머니의 역기능적인 커뮤니케이션 방식이 자녀의 게임 중독 성향에 영향을 미치고, 가족의 응집성과 적응성이 낮을 경우 자녀가 게임에 중독될 가능성이 높아지며, 부모의 개방적인 커뮤니케이션은 자녀의 게임 중독 가능성을 줄여준다는 연구 결과가 있다(방희정·조아미, 2003). 또한 가족들 사이의 대화 단절과 접촉 감소가 자녀의 인터넷 중독을 유발하는 원인이 될 수 있다는 분석 (Young, 1998)과 부모와 자녀의 폐쇄적인 커뮤니케이션은 자녀의 인터넷 중독 가능성을 높인다는 분석(김연화·정영숙, 2005)도 있다.

이상에서 살펴본 것과 같이 디지털 미디어의 등장과 적용은 가족 커뮤니케이션의 양상에 영향을 미치며, 가족 간의 관계 유형과 가족 커뮤니케이션의 방식이 디지털 미디어의 채택과 이용 행태에 영향을 미치기도 한다.

4. 디지털 미디어를 둘러싼 갈등과 화해

1) 갈등과 처벌

디지털 미디어는 부모와 자녀 사이의 커뮤니케이션 과정에서 흔히 갈등의 매개가 되곤 한다. 이용 시간과 이용 태도 등 디지털 미디어의 이용을 둘러싸고 부모와 자녀 사이에 갈등관계가 형성되며, 디지털 미디어의 이용 제한은 자녀에 대한 부모의 처벌 수단으로 활용되기도 한다. 디지털 미디어를 둘러싼 부모와 자녀의 갈등은 부모와 자녀 사이의 불신으로 이어진다.

(1) 갈등

가정마다 정도의 차이가 있지만, 많은 가정에서 디지털 미디어의 이용 시간과 이용 태도 등을 둘러싸고 부모와 자녀 사이에 갈등이 발생하곤 한다. 일반적으로 부모는 인터넷이나 게임기, MP3, PMP 등과 같은 디지털 미디어의 이용이 자녀의 학업에 방해가 되며 인성 형성과 두뇌 발달에 부정적인 영향을 미친다고 인식하는 경향이 있다. 따라서 부모는 디지털 미디어의 이용 시간이 지나치게 많다고 판단하면 이용을 통제한다. 인터넷이나 게임기를 이용할 수 있는 시간을 정해놓고 이용량을 통제하거나,

휴대전화도 정액제를 선택하여 이용할 수 있는 시간을 제한하는 것 등이
그 예이다. 또한 공부를 하면서 동시에 디지털 미디어를 이용하는 자녀의
습관이 갈등의 원인이 되기도 한다. 공부를 할 때 MP3를 듣거나 휴대전
화를 옆에 두고 수시로 친구들과 문자를 주고받는 등의 이용 습관이 그것
이다. 부모는 자녀의 이러한 디지털 미디어 이용 태도를 못마땅하게 여기
며, 이를 둘러싼 갈등이 각 가정에서 다양한 방식으로 반복되는 경향이
있다.

그런데 디지털 미디어를 둘러싼 이러한 갈등은 사실 디지털 미디어에만
해당되는 것은 아니다. 텔레비전과 라디오로 대표되는 아날로그 미디어의
이용을 둘러싸고도 이와 유사한 형태의 갈등이 있다. 부모는 텔레비전 시청
이 자녀의 지능 발달과 인성 형성에 부정적인 영향을 주는 것으로 믿어왔으
며, 텔레비전 시청 시간을 제한함으로써 자녀를 좀 더 바르게 교육해야
한다고 생각하는 경향이 있다. 각 가정마다 정도의 차이는 있지만, 텔레비
전을 더 보려는 자녀와 텔레비전 시청을 제한하려는 부모 사이의 갈등은
아날로그 미디어 시대에 어느 가정에서나 쉽게 볼 수 있는 모습이었다.
또한 휴대용 카세트테이프(소위 '워크맨'이라고 불리던)나 라디오를 들으면서
공부를 하는 자녀와, 이러한 미디어들이 학업에 방해가 된다고 생각하는
부모 사이에도 갈등이 항상 존재했다. 이러한 갈등 요소는 부모와 자녀의
사이가 좋을 때는 크게 문제가 되지 않지만, 사이가 나쁠 때는 갈등을 촉발
시키거나 증폭시키는 요인으로 작용하곤 한다.

결국 디지털 미디어의 이용을 둘러싸고 일어나는 부모와 자녀의 갈등은
디지털 미디어라는 새로운 미디어가 갖는 고유의 속성으로부터 비롯되는
새로운 형태의 갈등이라기보다는, 아날로그 미디어 시대부터 있어왔던 미
디어 이용을 둘러싼 갈등이 디지털 미디어 시대에도 다양한 방식으로 재현
되는 것으로 이해할 수 있다.

(2) 처벌

디지털 미디어는 가족이 공동으로 사용하는 경향이 큰 아날로그 미디어와 달리 개인화라는 특징을 지닌다. 즉, 휴대전화, 게임기, MP3, PMP 등의 디지털 미디어는 가족이 공동으로 소유하는 것이 아니라 자녀가 각각 개인적으로 소유하게 된다. 디지털 미디어의 이용을 둘러싼 갈등이 증폭되거나 디지털 미디어가 저조한 학업 성적의 원인으로 지목될 경우, 부모는 자녀로부터 디지털 미디어를 압수하는 방식으로 처벌을 가하게 된다. 시험 기간 동안 한시적으로 휴대전화 서비스를 중지시키고, 성적이 떨어질 경우 휴대전화를 압수할 것을 약속하고, 게임기 이용 시간이 지나치게 많다고 판단될 경우 게임기를 압수하는 것 등이 그 사례이다.

게임기나 MP3, 휴대전화 같이 개인적 이용을 주로 하게 되는 미디어는 중독 성향이 크며, 특히 휴대전화는 친구들과의 연결고리이기 때문에 자녀는 휴대전화에 대해서 단순한 미디어의 의미를 넘어선 강한 애착을 가진다. 이로 인해 자녀로부터 디지털 미디어를 박탈하는 처벌은 부모의 입장에서는 매우 효과적이며 자녀의 입장에서는 큰 충격이 된다. 따라서 디지털 미디어를 이용한 처벌은 종종 부모와 자녀 사이의 갈등을 극대화하는 요소가 되기도 하며, 부모는 갈등의 극대화를 두려워해서 이러한 형태의 처벌을 가능한 한 회피하기도 한다.

자녀는 디지털 미디어를 사적으로 소유하지만, 실제로 디지털 미디어를 구매하기 위해서 돈을 지불하거나 디지털 미디어의 이용료를 지불하는 것은 부모이기 때문에, 부모는 자녀의 디지털 미디어 소유 여부를 통제하고 결정하는 권한을 갖게 된다. 부모는 자녀를 통제하고 처벌해야 하는 상황에서 이러한 권한을 최대한 활용하고, 이러한 과정을 통해 디지털 미디어의 소유에 대한 부모의 금전적 지원과 권한이 부모의 권위로 작동하는 것이다.

(3) 불신

디지털 미디어는 부모와 자녀 사이의 불신을 증폭시키는 역할을 하기도 한다. 부모는 디지털 미디어의 이용 시간과 이용 방식을 제한하지만, 실제로 부모가 24시간 자녀의 디지털 미디어 이용을 감시할 수는 없다. 공개된 공간에서 가족이 함께 미디어의 이용에 참여하는 아날로그 미디어와 달리 디지털 미디어는 극히 사적인 공간에서 개인적으로 이용하는 속성이 있기 때문에, 부모의 감시가 더욱 어려울 수밖에 없다.

부모는 '보이지 않는 곳에서 몰래' 자녀가 디지털 미디어를 이용할 가능성에 대해 늘 의심하고 있으며, 실제로 자녀는 부모의 감시가 닿지 않는 곳에서 디지털 미디어를 이용하려고 다양한 수단을 동원하기도 한다. 부모가 집을 비운 사이 인터넷이나 게임기를 이용하거나 이불 속에서 MP3나 휴대전화를 이용하는 것이 그 예가 될 수 있다. 자녀의 은밀한 디지털 미디어 이용으로 인해, 부모의 감시가 미치지 못하는 곳에서 틈만 나면 디지털 미디어를 이용하려는 자녀와 이를 의심하는 부모 사이에 불신이 존재하게 된다. 이는 공개된 이용을 특징으로 하는 아날로그 미디어와 달리 디지털 미디어가 은밀하고 사적인 이용이 가능하기 때문인 것으로 해석할 수 있다.

디지털 미디어를 둘러싼 불신의 문제를 해결하기 위해서 부모는 디지털 미디어를 공적인 공간으로 가져오거나, 디지털 미디어의 주요 기능 중 하나인 비밀번호를 활용한다. 사적인 이용이 가능한 디지털 미디어를 공적인 공간으로 끌어냄으로써 자녀의 이용 시간과 이용 행태를 통제하려는 노력은 가정 내 컴퓨터의 위치를 통해서 잘 알 수 있다. 부모는 가족 간의 커뮤니케이션과 올바른 자녀 양육을 위해서 미디어의 위치에 민감하게 반응한다. 모든 가정에 해당되는 것은 아니지만, 많은 부모들이 텔레비전을 거실에서 없앰으로써 가족 간의 커뮤니케이션을 더욱 원활하게 하는 조치를 취하기도 한다. 이러한 조치는 가정 내에서 텔레비전을 어디에 배치하는가 하는 공간의 문제가 미디어의 이용량과 이용 행태에 중요한 영향을 미친다는 판단에서 비롯된 것이다. 컴퓨터를 자녀의 방에서 공적인 공간인 거실로 끌어냄으로써 자녀의 컴퓨터 이용 시간과 이용 내용에 자연스러운 변화를 유도하는 것은, 미디어가 위치한 공간과 이용 행태 사이의 관련성을 적절히 이용한 것이라고 할 수 있다.

또한 부모는 디지털 미디어의 중요한 기능 중 하나인 비밀번호를 활용하여 자녀와의 불신을 해결하고자 한다. 자녀의 미디어 이용량과 이용 내용에 대해 끊임없이 의심하게 되면 자녀와의 관계가 소원해지는 부작용이 크기 때문에, 비밀번호와 같은 장치를 통해 자녀의 디지털 미디어 이용을 근원적으로 통제함으로써 부모와 자녀 사이에 불신이 생기지 않도록 조치하는 것이다. 컴퓨터나 디지털 텔레비전에 비밀번호를 걸어두고 부모의 통제가 없는 상황에서 자녀가 디지털 미디어를 이용할 수 없도록 하는 것이 그 사례이다. 그러나 자녀가 성장하면 디지털 미디어의 기능을 부모보다 더 속속들이 잘 알게 되고, 이에 따라 비밀번호를 걸어두는 조치가 의미가 없어지는 경우도 있다. 부모보다 디지털 미디어에 더 익숙한 자녀에게 비밀번호와 같은 통제 장치가 더 이상 정상적으로 작동하지 않는 것이다.

2) 화해와 보상

디지털 미디어는 갈등의 매개가 되는 한편 화해의 수단이 되기도 한다. 권위를 내세우는 부모의 커뮤니케이션 방식이나 감정적 갈등으로 인해 화해가 쉽게 이루어지기 힘든 상황에서, 디지털 미디어는 화해를 유연하게 하는 매개로 기능한다. 또한 부모와 자녀의 갈등 상황에서 처벌의 도구였던 디지털 미디어는 부모가 자녀를 칭찬해야 하는 상황에서는 다시 보상의 도구가 되기도 한다.

(1) 화해

디지털 미디어 중에서도 휴대전화는 다른 미디어와 달리 상호 작용적인 커뮤니케이션의 기능을 수행한다. 따라서 부모와 자녀의 소통에서 중요한 역할을 하게 된다. 특히 부모와 자녀 사이에 갈등이 있을 때 휴대전화의 문자메시지 기능은 자연스러운 화해를 이끌어내는 매개의 역할을 한다. 갈등의 상황에서 쉽게 미안하다는 말을 하기 힘들 때 문자메시지 기능을 활용하면 한결 쉽고 편안하게 마음을 전달할 수 있다. 특히 청소년기에 있는 자녀와의 관계에서 휴대전화는 화해의 미디어로 중요하게 기능한다. 사춘기에 접어든 자녀에게서 볼 수 있는 일반적인 특징 중 하나는 반항적인 커뮤니케이션 방식 때문에 대화가 불가능하거나 대화 자체를 거부하는 것인데, 문자메시지를 통해서 부모와 자녀가 사랑으로 연결되어 있다는 것을 확인하는 한편 갈등의 상황에서 오해를 풀고 화해할 수 있다.

휴대전화만큼 자주 활용되지는 않지만, 인터넷의 미니홈피나 이메일 역시 부모와 자녀의 화해에 중요한 매개의 역할을 한다. 미니홈피의 비밀글 남기기 기능을 이용하여 자녀에게 미안한 마음을 전하기도 하고, 자녀는 이메일을 이용해 부모에게 자신의 마음속 갈등을 털어놓기도 한다. 이와 같이 디지털 미디어는 대면 커뮤니케이션 상황에서는 겸연쩍어서 쉽게 하기 힘든 화해의 매개로 기능하면서, 부모와 자녀의 관계를 친밀하고 돈독하게 하는 역할을 한다.

(2) 보상

부모와 자녀의 갈등 상황에서 디지털 미디어가 처벌의 도구로 활용되었던 것과 같은 맥락에서 디지털 미디어는 자녀에 대한 칭찬과 보상의 도구로 활용되기도 한다. 학업 성적이 올랐거나 칭찬받을 만한 행동을 했을 때 부모는 휴대전화나 게임기, MP3, 전자사전 등 디지털 미디어를 사줌으로써 보상한다. 디지털 미디어는 늘 갖고 싶은 물건 목록 중 상위에 올라 있으며, 현재 소유하고 있는 미디어라 할지라도 새로운 상품이 시장에 나와 있기 때문에 디지털 미디어를 이용한 보상은 언제나 자녀에게 큰 환영을 받는다. 상업화의 결과 현대 사회에서 디지털 미디어는 단순히 커뮤니케이션 미디어로서의 역할을 넘어서서 유행을 앞서가는 의미를 함께 갖고 있기 때문에 디지털 미디어를 이용한 보상은 일시적으로 효과가 있는 것으로 보인다. 그러나 자녀에 대한 칭찬의 매개로 활용되었던 디지털 미디어는 다시 그 이용을 둘러싸고 갈등을 일으키기도 하며, 갈등이 극대화되는 상황에서는 처벌의 매개로 활용된다. 디지털 미디어는 부모와 자녀 사이의 화해와 갈등, 보상과 처벌의 과정에서 중심에 놓여 있다고 할 수 있는 것이다.

5. 디지털 미디어: 단절과 소통의 매개

1) 단절

디지털 미디어의 탈공간성으로 인해 자녀는 부모보다 친구와 늘 연결되어 있으며, 디지털 미디어의 개인성은 자녀를 그들만의 디지털 세계로 빠져들게 한다. 자녀는 디지털 미디어에 중독되거나 디지털 미디어의 이용으로부터 부모를 소외시키기도 하고 비밀번호를 통해 부모의 디지털 미디어 이용을 차단하는 방식을 통해서 부모와의 커뮤니케이션을 거부한다. 디지털 미디어가 부모와 자녀의 소통을 단절하는 매개로 기능하는 것이다.

(1) 탈공간성
디지털 미디어의 중요한 속성 중 하나는 탈공간성이다. 서로 다른 공간에 있더라도 디지털 미디어를 매개로 서로 연결될 수 있으며 자유롭게 커뮤니케이션할 수 있다. 탈공간성의 특징이 두드러지게 나타나는 디지털 미디어는 휴대가 용이한 휴대전화이다. 휴대전화의 탈공간성을 이용해 자녀는 언제나 친구와 연결되어 있다. 가족과 함께 텔레비전을 보면서도 친구와 문자로 연락을 주고받으며, 가족과 함께 여행을 가는 차 안에서도 친구와 통화를 하거나 문자를 주고받으면서 소통한다. 텔레비전 드라마를 보면서 가족과 나누던 몇 마디의 대화나 여행을 하면서 가족과 나누던 소소한 대화들이 친구와의 문자로 대체되는 것이다. 디지털 미디어의 탈공간성은 내가 어디에 있든지 상관없이 내가 연결되어 있고자 하는 사람과 함께 하는 것을 가능하게 한다. 항상 친구와 연결되어 있기를 바라는 자녀는 가정이라는 공간에서도 휴대전화를 매개로 친구들과 연결되어 있다. 이 때문에 부모는 자녀와의 원활한 커뮤니케이션을 가로막고 단절시키는 미디어로 휴대전화를 지목한다.

(2) 개인성

디지털 미디어의 탈공간적 속성은 휴대전화에서만 발견할 수 있는 것이 아니다. MP3, DMB, PMP, 다기능의 전자사전, 휴대용 게임기 등 자녀가 자주 사용하는 이러한 디지털 미디어들 역시 휴대성을 기반으로 하기 때문에 어떤 장소에서든 쉽게 이용할 수 있다. 특히 이러한 미디어는 사적으로 소유하고 지극히 사적인 방식으로 이용하는 개인성을 중요한 특징으로 한다. 개인적 이용이라는 속성 때문에 실제로 자녀는 가정이라는 공간 안에 부모와 함께 있어도 디지털 미디어에 연결되어 있는 경우를 쉽게 발견할 수 있다. 가족이 다 함께 하는 식사시간에조차 귀에 이어폰을 끼고 음악을 듣거나 게임기에 빠져 부모의 이야기에 귀 기울이지 못하는 경우가 그 사례로 지적될 수 있다. 몸은 가족과 함께 있지만 마음은 디지털 미디어가 열어주는 세상에 빠져 있는 것이다. 디지털 미디어 속의 세상은 음악과 게임, 동영상이 가득한 곳이며, 현실의 가정은 학업의 부담과 부모의 잔소리로 가득한 곳이다. 자녀는 디지털 미디어 속의 세계로 도피함으로써 현실의 골치 아픈 일들을 잊어버린다. 그리고 디지털 미디어 속으로 빠져들어 미디어 세상과 연결되는 순간 부모와의 커뮤니케이션 가능성은 축소되는 것이다. 이러한 이유로 부모는 자녀와의 커뮤니케이션을 단절시키는 주요 매체로 휴대전화 외에도 MP3나 게임기 같은 디지털 미디어를 지목한다.

(3) 중독

앞서 언급한 것처럼 디지털 미디어는 일상생활에서 부모와 자녀의 커뮤니케이션을 단절시키는 기능을 한다. 이러한 단절의 기능은, 특히 가족 구성원 중 누군가가 디지털 미디어에 중독되어 있는 경우 더욱 극대화된 형태로 나타난다. 가족 구성원 가운데 누군가가 디지털 미디어에 중독된다면 대부분의 경우 부모보다는 자녀가 해당된다. 모든 디지털 미디어들은 중독적 속성을 지니기 때문에, 정도의 차이가 있을 뿐 대부분의 자녀는 어느 정도 미디어에 중독되어 있다. 음악(MP3)에 중독되어 있기도 하고, 게임에 중독되어 있기도 하고, 문자메시지에 중독되어 있기도 하다. 디지털 미디어의 중독은 결국 가족 구성원과 상호 소통할 수 있는 시간을 빼앗아가고, 디지털 미디어에 몰입해 있는 자녀와 부모는 끊임없이 갈등을 겪는다. 중독의 양상이 심각하게 나타나는 경우에는 부모와 자녀 사이의 소통 부재뿐 아니라 친구관계의 단절까지 초래하여, 자녀를 외톨이로 만들어버리는 결과를 초래하기도 한다. 부모는 디지털 미디어 중독이 자녀의 눈빛을 바꾸어놓기도 하며 부모에게 반항적인 성향을 만든다는 점을 지적하면서, 디지털 미디어가 자녀의 성장에 부정적인 영향을 미친다는 것을 늘 걱정한다. 그러나 막상 일상의 삶에서 부모는 자녀의 디지털 미디어 이용을 지도하거나 중재하는 등의 적극적인 노력은 하지 않는다. 부모의 끊임없는 관심과 상호 작용 속에서, 별다른 지도 없이도 자연스럽게 중독을 예방할 수 있을 것이라는 낙관적인 기대를 하는 것이다. 실제로 자녀들이 미디어 중독에 빠지는 경우를 살펴보면 부모와의 커뮤니케이션 양이 많지 않거나 부정적인 커뮤니케이션이 이루어지는 경향이 있다. 따라서 중독으로 인한 단절을 예방하기 위해서는 부모의 적극적인 관심과 노력이 요구된다.

(4) 소외

디지털 미디어의 이용 방법과 이용 문화에 대해 잘 모르는 부모는 디지털 미디어의 이용을 둘러싸고 자녀에게 소외당하는 경험을 하게 된다. 부모 중에서도 특히 어머니는 컴퓨터의 이용법이나 인터넷 공간의 문화 등에 익숙하지 않기 때문에 자녀가 컴퓨터를 어떤 방식으로 이용하고 있는지, 어떻게 활용하고 있는지를 잘 모른다. 따라서 자녀의 컴퓨터나 인터넷 이용을 제대로 통제하거나 교육하지 못하게 된다. 텔레비전 같은 아날로그 미디어의 이용은 부모가 스스로 모범을 보이고 자녀의 텔레비전 시청을 통제하거나 중재할 수 있지만, 디지털 미디어의 이용에서는 모범을 보일 수 없는 상황에 놓이게 되는 것이다. 디지털 미디어의 이용 방법을 잘 모르는 부모는 디지털 미디어를 자녀만의 세계로 인정하고, 이용 시간이나 이용 방법 등을 관대하게 허용하는 방식으로 대처한다. 이에 따라 자녀는 부모를 소외시킨 채 그들만의 방식으로 디지털 미디어의 세계에서 그들만의 언어로 커뮤니케이션을 즐기게 된다. 자녀들끼리 디지털 언어로 소통하는 경우 부모는 그들의 대화에 끼어들지 못하며, 디지털 미디어는 이러한 방식으로 부모를 자녀로부터 소외시키는 역할을 한다.

(5) 비밀번호

비밀번호는 부모가 자녀의 디지털 미디어 이용을 통제하기 위해서 활용하는 수단이다. 비밀번호라는 잠금장치를 통해서 자녀가 부모 몰래 디지털 미디어를 이용하거나 금지된 디지털 공간에 접근하는 것을 방지한다. 앞서 언급했듯이 비밀번호는 디지털 미디어의 이용을 둘러싸고 형성되는 부모와 자녀의 불신을 막기 위한 수단으로도 적용된다. 부모의 통제가 미치지 않는 시간에 디지털 미디어를 이용했는지의 여부를 둘러싼 불신을 해소할 수 있는 수단이 바로 비밀번호인 것이다.

한편 자녀는 비밀번호를 디지털 미디어에 대한 부모의 접근을 통제하는 수단으로 활용한다. 개인성이 강한 디지털 미디어에 부모가 접근하는 것을 비밀번호라는 잠금장치를 통해 원천적으로 통제하고, 친구들과 더 자유롭게 소통하고 디지털 미디어 안에서 일어나는 커뮤니케이션 행위들을 자신만의 영역으로 남겨두려 하는 것이다. 휴대전화에 비밀번호를 설정해 통화내역이나 문자메시지 내역을 부모가 확인하지 못하도록 하거나, 이메일이나 미니홈피에 부모가 알 수 없는 비밀번호를 지정하여 친구들과 좀 더 자유롭게 소통하거나 혹은 컴퓨터에 로그인 설정을 따로 한 후 비밀번호를 지정하여 자신만의 컴퓨터 공간을 만드는 것은 비밀번호를 통한 부모와의 단절을 시도하는 사례들이다.

디지털 미디어가 제공하는 편리한 기능 가운데 하나인 비밀번호 기능을 부모는 자녀에 대한 통제의 수단으로 활용하는 한편, 자녀는 부모의 접근을 차단하고 그들만의 세계를 가꾸어나가려는 단절의 수단으로 활용하고 있는 것이다.

2) 소통

디지털 미디어는 부모가 자녀의 일상을 관리하는 효율적인 도구가 되기도 하며, 감성 교류를 통해서 감정을 전달하는 수단으로 유용하게 활용되기도 한다. 디지털 미디어는 기능적·정서적 차원에서 부모와 자녀 사이의 커뮤니케이션을 매개하는 역할을 수행하는 것이다.

(1) 자녀 관리

디지털 미디어는 부모와 자녀가 기능적으로 소통하는 수단으로 유용하게 활용되기도 한다. 특히 휴대전화나 이메일과 같이 커뮤니케이션 속성이 강한 미디어가 이에 해당하는데, 대부분의 부모가 자녀에게 휴대전화를 사주는 이유 가운데 하나는 바로 기능적 소통을 위한 것이다. 기능적 소통은 자녀의 일상을 관리하고 통제하는 차원의 소통을 의미한다. 학교나 학원에서 늦게 귀가하는 자녀가 별 탈 없이 무사히 귀가하는지의 여부를 확인하거나 급한 일이 생겼을 때 자녀에게 메시지를 전달하는 등 일상생활에서 자녀를 관리하는 데 반드시 필요한 커뮤니케이션 매개로서 디지털 미디어가 기능하고 있는 것이다.

최근 들어 다양한 가족 형태가 등장하면서 가족 구성원들이 서로 떨어져 지내는 경우도 많이 볼 수 있는데, 서로 멀리 떨어져 있는 부모와 자녀가 서로의 안부를 확인하고 가족으로서 해야 할 기본적인 커뮤니케이션 행위를 하는 데에도 디지털 미디어는 매우 유용하다. 이메일을 통해서 안부를 주고받거나 휴대전화나 인터넷 전화를 이용해서 원거리에 있는 가족 구성원이 소통하는 경우가 그 예이다.

앞서 언급한 바와 같이 디지털 미디어는 다양한 방식으로 부모와 자녀의 관계를 단절시키지만, 디지털 미디어가 가지고 있는 여러 가지 편리한 기능들은 근본적으로 부모와 자녀가 기능적으로 더 잘 소통할 수 있도록 하는 역할을 수행한다.

(2) 감성 교류

가족관계의 유형에 따라 차이가 있지만, 일반적으로 한국의 가정에서 대면 커뮤니케이션을 통한 정서적인 교류는 활발하지 않은 편이다. '미안하다, 사랑한다, 감사하다' 등의 마음을 언어로 표현하는 일에 부모와 자녀 모두 다소 서툰 경향이 있다. 과거에 비하면 이러한 정서적인 표현이 조금씩 증가하는 경향이 있지만, 부모의 권위가 중요시되는 가족관계 안에서 부모와 자녀 모두 마음을 표현하는 일에 익숙하지 않으며 적극적이지도 않다. 부모와 자녀의 관계에서 휴대전화라는 새로운 디지털 미디어는 서툰 정서적 소통을 돕는 역할을 한다. 휴대전화가 제공하는 문자메시지 기능이 대면 커뮤니케이션 상황에서 하기 어려운 정서적인 소통을 가능하게 하기 때문이다. 많은 부모들이 자녀에게 직접적으로 '미안하다, 사랑한다' 등의 감정 표현을 한 경험은 많지 않지만, 문자메시지를 통해서 자녀에게 감정을 전달한 경험은 많은 편이다.

특히 감수성이 예민한 사춘기에 접어든 자녀의 경우 반항심으로 인해 대화를 거부하거나 정상적인 대화가 힘들어지게 되어 소통이 불가능한 경우가 많다. 이러한 상황에서 휴대전화는 부모와 자녀의 소통을 가능하게 하고, 서로의 사랑을 확인해주는 매개로 중요한 역할을 할 수 있다. 이메일이나 미니홈피 같은 디지털 미디어 역시 휴대전화와 비슷한 방식으로 부모와 자녀의 정서적 교류를 가능하게 하는 역할을 한다. 부모와 자녀 사이에 오해가 생겼을 때 혹은 정서적인 교류가 필요할 때 과거에는 편지나 쪽지가 정서적 교류의 매개 역할을 했다면, 이제는 디지털 미디어가 그 역할을 대체하고 있다. 이러한 정서적 교류의 과정에서 디지털 언어인 이모티콘은 매우 중요한 역할을 담당한다. 문자 언어로만으로는 전달되지 않는 다양한 감정들을 이모티콘을 이용해서 적극적으로 표현하면서 부모와 자녀는 새로운 방식으로 감정을 소통할 수 있다. 직접적이고 동시적인 아날로그 미디어와 달리 간접적이고 비동시적인 속성을 갖는 디지털 미디어는 감정을 좀 더 솔직하고 자유롭게 드러낼 수 있게 해준다. 이러한 디지털 미디어의 속성이 부모와 자녀의 정서적 교류를 가능하게 하는 것으로 이해할 수 있다.

6. 결론

지금까지 디지털 미디어가 가족 커뮤니케이션의 방식과 내용에 어떠한 변화를 가져왔는지, 혹은 가족 커뮤니케이션의 방식이 디지털 미디어의 채택과 이용에 어떠한 영향을 미치는지에 대해 갈등과 화해, 단절과 소통이라는 네 개의 키워드를 중심으로 살펴보았다. 인터뷰 대상이 되었던 어머니들과 디지털 미디어에 대한 이야기를 나누는 동안 자주 언급되었던 것 중 하나는 아날로그 미디어에 대한 회상이었다. 지금의 디지털 미디어가 갈등과 화해, 단절과 소통의 매개가 되는 것처럼, 어머니들의 어린 시절에는 텔레비전이나 라디오, 휴대용 녹음기 등이 그러한 역할을 수행했다는 것이다. 디지털 미디어의 이용을 둘러싸고 부모와 자녀가 갈등하는 것과 유사한 방식으로 텔레비전의 이용을 둘러싼 갈등이 존재했고, 디지털 미디어가 자녀에 대한 보상의 도구로 적용되는 것과 유사하게 텔레비전 시청 역시 자녀의 선행(우수한 학업 성적 등)에 대한 보상으로 주어지곤 했다. 또 부모 몰래 라디오를 들으면서 자신만의 미디어 세계로 빠져들기도 했고, 텔레비전을 둘러싸고 온 가족이 모여 앉아 이야기꽃을 피우면서 소통하기도 했다. 부모와 자녀 사이의 갈등이 심각해지거나 서로에게 진지하게 마음을 전해야 하는 상황이 되었을 때는 편지라는 매개가 이용되기도 하였다. 마음속 깊은 이야기들을 말로 하기 어려울 때 동원되는 수단이었다. 휴대전화의 문자메시지나 미니홈피의 비밀 글, 전자우편 등의 수단을 통해서 감정을 전달하고 정서를 교류하는 것과 유사하게 과거에는 편지가 이러한 역할을 수행했다. 아날로그 미디어 역시 갈등과 화해, 단절과 소통의 매개였으며, 지금의 디지털 미디어는 이러한 역할을 새로운 기능에 어울리는 새로운 방식으로 재현하고 있는 것이다.

이 글은 가족 구성원 중에서도 어머니를 대상으로 한 심층 인터뷰 결과를 토대로 디지털 미디어와 가족 커뮤니케이션의 관계를 고찰해본 글이다. 더욱 다양한 관점에서 깊이 있는 연구가 이루어져야 하겠지만, 이 글의 분석을 토대로 디지털 미디어와 가족 커뮤니케이션의 관계를 정리해보면 다음과 같다.

먼저, 디지털 미디어가 가족 간에 화해의 메시지를 전달하는 데 유용한 수단으로 활용되고 있지만, 화해보다는 갈등의 매개로 더 중요하게 기능한다는 것을 발견할 수 있었다. 디지털 미디어의 이용 시간과 이용 방법, 이용 내용 등을 통제하려는 부모와 자녀의 갈등과 이를 둘러싼 불신이 가정 안에 늘 존재하는 것이다. 이러한 갈등과 불신을 해소하기 위해서 디지털 미디어의 위치를 가정 내의 공동 공간으로 이동시키거나 디지털 미디어를 자녀에게서 박탈하고 비밀번호 등의 장치를 통해서 디지털 미디어의 이용을 원천적으로 금지하는 방법이 적용되고 있다.

한편 디지털 미디어는 가족 커뮤니케이션의 단절을 초래하는 매개로 기능한다. 자녀는 가족과 함께 있는 시간에도 휴대전화나 인터넷을 통해 항상 친구들과 연결되어 있으며, MP3나 게임기 등의 디지털 미디어는 자녀를 디지털 세상에 몰두하게 함으로써 가족과 소통할 수 있는 가능성을 차단한다. 또한 디지털 미디어의 이용법과 문화를 잘 모르는 부모는 디지털 미디어의 이용에 있어 자녀에게 소외당하며, 부모는 비밀번호를 통해서 자녀의 디지털 미디어 이용을 통제하려 하고 자녀는 비밀번호를 통해 부모에게서 벗어나 자유롭게 디지털 미디어를 이용하고 자신만의 디지털 세상을 만들어가려 한다.

이렇게 디지털 미디어는 가족 간의 소통보다는 단절에 더 많이 기여하지만, 기능적 차원과 감성적 차원에서 가족 간의 소통에 기여할 수 있는 가능성을 안고 있다. 디지털 미디어는 시간적·공간적 장애에도 불구하고 가족 구성원들이 원활하게 소통할 수 있도록 돕기도 하며, 부모와 자녀가 소통이 어려운 상황(예를 들어 감정적인 장애가 존재하는 상황)에서 표현하기 어려운 감정을 자연스럽게 드러내고 서로의 애정을 확인하는 매개로 활용되기도 한다.

디지털 미디어와 가족 커뮤니케이션의 관계에 대해 잠정적으로 결론을 내리자면, 디지털 미디어는 가족 구성원이 새로운 방식으로 커뮤니케이션하는 것을 가능하게 하지만, 그것이 새로운 가족관계를 만들거나 가족 커뮤니케이션의 속성을 특정한 방향으로 일관되게 변화시키는 것은 아니라고 할 수 있다. 또한 디지털 미디어 자체가 가족 커뮤니케이션의 형식과 내용에 영향을 미친다기보다는 기존의 가족관계 유형과 가족 커뮤니케이션 형태가 디지털 미디어의 채택 여부와 이용 방식에 어느 정도 영향을 미치고 있는 것으로 보아야 할 것이다. 결국 가족관계가 가족 커뮤니케이션에 영향을 미치고 가족 커뮤니케이션은 다시 디지털 미디어의 이용 행태에 영향을 미치며, 디지털 미디어의 이용은 다시 가족 커뮤니케이션에 영향을 미치는 상호 영향의 과정이 반복되는 것으로 이해해야 할 것이다.

참고문헌 _____

김명혜. 2006. 「휴대전화를 통한 어머니 노릇(mothering)의 재생산」. ≪한국언론
　　학보≫, 49권 4호, 140~165쪽.

김성국·조정문·조영복·김영삼·임정덕·이대식·이종국. 1999. 「정보화시대의 공동
　　체: 가족 규범의 변화」. ≪한국사회학≫, 33권 2호, 389~415쪽.

김연화·정영숙. 2005. 「부모자녀간의 의사소통 및 또래관계와 아동의 인터넷 중독
　　경향」. ≪대한가정학회지≫, 43권 10호, 103~114쪽.

김영희·안상미. 2008. 「가족의 응집성과 적응성, 부모 - 자녀 간 의사소통, 가족
　　갈등과 청소년의 우울 및 비행」. ≪청소년학연구≫, 15권 2호, 1~30쪽.

박부진. 2000. 「인터넷의 생활화와 가족」. 한국가족학회 춘계 학술대회 발표집.

방희정·조아미. 2003. 「가족 기능과 청소년의 인터넷 게임 행동 간의 관계」. ≪한
　　국심리학회지≫, 16권 1호, 1~22호.

성윤숙. 2000. 「인터넷시대의 자녀 양육 방식과 부모 자녀 관계」. ≪한국가족복지
　　학≫, 5권 1호, 105~120쪽.

신영주·김성재·최정윤·김창현. 2003. 「청소년의 인터넷 중독적 사용과 가족의 기
　　능적 특성과의 관계」. ≪중독정신의학≫, 7권 2호, 110~116쪽.

오윤선. 2008. 「대학생이 지각한 가족체계 유형 및 부모 - 자녀 간 의사소통이
　　자아존중감에 미치는 영향」. ≪청소년학연구≫, 15권 5호, 23~49쪽.

이경림. 2003. 「아동이 지각한 어머니와의 의사소통과 자기통제가 게임 중독에
　　미치는 영향」. ≪대한가정학회지≫, 41권 1호, 77~91쪽.

이현아·이기영. 2004. 「주부의 인터넷 사용으로 인한 가족관계의 변화: 가족원
　　간의 친밀감과 부부간 평등성을 중심으로」. ≪한국생활과학회지≫, 13권
　　3호, 329~343쪽.

장영애·박정희. 2007. 「아동의 인터넷 사용 정도에 영향을 미치는 부모의 양육
　　행동 및 부모 - 자녀 간 의사소통」. ≪한국생활과학회지≫, 16권 6호,
　　1131~1140쪽.

최이정. 2005. 「가족 커뮤니케이션 양식, 부모의 미디어 폭력 중재, 가정 내 폭력
　　경험이 TV 폭력에 대한 어린이의 도덕적 해석과 공격성에 미치는 영향」.

≪한국방송학보≫, 19권 2호, 47~84쪽.

허윤정. 2006.「가족의 사회경제적 배경에 따른 청소년의 인터넷 이용 행태 연구」.
    ≪정보와 사회≫, 9권 2호, 35~64쪽.

Young, K. S. 1998. *Caught in the Net*. New York: John Wiley.

제5장

가정에서의 디지털 미디어 교육 실천:
부모의 미디어 이용 지도

조연하 (이화여자대학교 커뮤니케이션·미디어 연구소 연구교수)

어머니1: 아침에 (아이 방) 침대 정리할 때 MP3가 나와요. 밤새 들으면서 자는 거예요. 나는 영어를 듣는다거나 클래식음악을 들으면서 잤기를 바랐는데…….

어머니2: 주말에 컴퓨터 하는 시간을 1시간 30분 정도로 정해주고 있어요. 음악을 다운로드 받는다고 해서. 평일에는 30분 정도 주는데, 다른 데로 빠지기도 하고……. 만약 약속을 어기면 주말에 컴퓨터를 못 하게 하는 식으로 처벌하기도 해요. 제가 나갈 때 마우스를 가지고 나가는 경우도 있어요. 하지만 책상 서랍에서 다른 마우스를 발견한 적도 있어요. 기본적으로 엄마가 곁에 있는 상황에서만 컴퓨터를 이용하는 것을 통제할 수 있어요.

* 이 장의 초고는 한국여성커뮤니케이션학회의 '가족과 디지털 미디어' 세미나(2008. 10)에서 발표된 바 있으며, 이를 수정·보완한 내용이 『디지털 미디어환경에서의 가정 내 미디어 이용중재연구』, 《미디어, 젠더&문화》, 13호(2010. 4)에 게재되었다.

어머니3: 엄마랑 같이 보는 프로그램은 정규 방송의 오락 프로그램 정도니까, 애랑 (프로그램에 대해) 심각하게 이야기를 나누는 경우는 거의 없어요

어머니4: 아이와 대화를 할 수 있는 유일한 장소는 자동차 안인 것 같아요 애와 어디로 이동할 때, 라디오를 끌 수 있는 상황이니까. 그때 대화를 가장 많이 하는 것 같아요.

1. 가정에서의 디지털 미디어 이용

가정에서 텔레비전이 여전히 일상생활의 한 부분을 차지하고 있는 가운데, 이제는 컴퓨터를 포함하여 다양한 미디어들이 사용되고 있다. 특히 디지털 기술의 발전은 인터넷, MP3, 휴대전화, 디지털 카메라 같은 디지털 미디어를 활용해 이메일, 메신저, 문자메시지와 같은 통신은 물론이고, TV 프로그램 시청과 영화 감상, UCC와 같은 콘텐츠 제작에 이르기까지 다양한 커뮤니케이션 행위를 가능하게 만들었다. 게다가 최근에 와서는 인터넷이나 휴대전화 단말기를 가지고도 TV 방송을 볼 수 있으며, 초고속 인터넷망을 이용한 양방향 TV 시청과 각종 정보 서비스 이용이 가능해졌다. 가정이라는 공간에서 각종 미디어가 또 하나의 가족 구성원으로 자리 잡고 있다. 그야말로 디지털 미디어 혁명이 일어나고 있다고 해도 과언이 아닐 정도이다.

디지털 미디어가 확산됨에 따라 주로 젊은 연령층을 중심으로 여러 가지 미디어를 복합적으로 이용하는 현상이 발견되고 있다. 휴대전화가 통화, 문자, 게임, 음악 감상, 학습 등의 용도로 사용되고 있고, 인터넷도 온라인 게임, 블로그, 전자메일, 채팅, 온라인 쇼핑 등의 여러 용도로 사용되고

124

있는 것으로 나타났다(나은영·박소라·김은미, 2007; 이재현, 2004; 이준웅·김은미·심미선, 2006). 인터넷이나 휴대전화의 멀티미디어 속성이 미디어 소비에 그대로 반영되고 있는 것이다. 이러한 디지털 멀티미디어 중에서도 특히 인터넷과 휴대전화는 젊은 층의 이용률이 압도적으로 높다. 방송통신위원회와 한국인터넷진흥원이 최근 실시한 조사에 의하면, 2008년 6월 현재 인터넷 이용률은 3~9세가 82.2%, 10대가 99.9%, 20대가 99.7%, 30대가 98.6%로(방송통신위원회·한국인터넷진흥원, 2008), 젊은 층의 인터넷 이용률이 높게 나타났다. 또한 젊은 층의 휴대전화 이용도 높아서, 청소년의 휴대전화 이용률은 1999년 12.1%에서 2004년 70.2%로 급격한 증가 현상을 보여주었다(윤승욱·박원준, 2007: 244에서 재인용). 이처럼 10대의 인터넷 이용률이 거의 100%에 육박하고 있으며 젊은 층의 휴대전화 이용률이 급속하게 증가하고 있는 현상은 곧 어린이와 청소년이 있는 가정에서 뉴미디어 이용률이 높다는 것을 의미하는 것이기도 하다. 이것은 어린이가 있는 가정에서 네트워크화된 디지털 미디어가 빠른 속도로 채택되고 있다는 기존의 연구 결과(Wartella and Jennings, 2001: 68)와도 일치한다.

이처럼 가정 내 미디어 보유대수가 늘어나고 다양한 미디어가 각종 커뮤니케이션 행위 수단으로 활용되면서 나타나는 현상 중 하나가 바로 미디어 이용의 개인화이다. 미디어 이용의 개인화 현상은 기존의 텔레비전 이용 환경에서도 등장했지만, 특히 뉴미디어 이용 환경에서 더욱 눈에 띄고 있다. 또한 개인화 현상은 어린이나 청소년층에서 두드러지는데, 가정 내 자녀의 연령이 높을수록 가족과 함께 하는 미디어 이용보다는 개별적인 미디어 이용이 더 많다(Wartella and Jennings, 2001: 61). 그런데 미디어 이용의 개인화 현상은 가족과 함께 보내는 시간을 줄일 뿐만 아니라 가족 간의 원활한 커뮤니케이션을 방해할 수도 있다. 이것은 더 나아가서 자녀가 미디어를 올바르게 이용하는지 부모가 관찰하고 지도하는 행위, 소위 가정에서의 미디어 이용 지도를 어렵게 만들기도 한다.

가정에서의 미디어 이용 지도에 대한 논의는 어린이와 청소년을 포함한 텔레비전 가족 시청이 부정적인 효과를 가져다줄 것이라는 우려에서부터 출발했다. 실제로 텔레비전 시청의 유해성에 주목한 실증적인 연구(강남준·김지환, 1997; 김재숙·이미숙, 2001; 심미선, 2007; 이동현, 2004; 최이정, 2005; 최현철·심미선, 1998)가 적지 않게 실시되었는데, 긍정적이든 부정적이든 청소년들의 가치관 형성에 중요한 영향을 미치는 것으로 나타났다. 또한 가정에서 디지털 미디어의 이용이 증가함에 따라 인터넷의 부정적인 효과에 대한 연구도 점차 많아지고 있다. 이에 따르면 부모는 자녀가 인터넷상에서 포르노그래피, 폭력물, 거짓 정보에 노출되고 사생활을 침해당하는 등 부정적인 영향을 받을 것을 우려하고 있는 것으로 나타났다(Wartella and Jennings, 2001: 67에서 재인용). 이상의 연구 결과들은 보호주의적인 관점에서 출발한 미디어 교육의 필요성을 제기하는데, 그중에서도 가정에서 부모의 미디어 이용 지도의 중요성과 실천 방안에 관한 논의의 필요성을 뒷받침한다. 디지털 미디어 환경으로 불리는 다매체 다채널 환경에서는 미디어의 유해성에 대한 국가의 온정주의적인 미디어 이용자 보호정책에 물리적인 한계가 따를 수밖에 없다. 또한 아무리 정책적으로 훌륭한 기술적 장치나 법적 장치가 마련되어 있다 할지라도, 실제로 제도가 실천되는 장(場)인 가정에서 자율적이고 적극적인 참여가 없다면 아무 소용이 없다. 이런 점에서 미국 사법부도 미디어의 유해성에 대한 부모의 책임 및 권리를 중요시하고 있는 점에 주목할 필요가 있으며,[1] V칩과 같이 부모가 관리할 수 있는 교육

---

1) FCC v. Pacifica Broadcasting Foundation, 438 U.S. 726(1978); Cruz v. Ferre, 755 F.2d 1415(1985); United States v. Playboy Entertainment Group Inc., 529 U.S. 803(2000); United States v. Playboy Entertainment Group Inc., 529 U.S. 803(2000).

및 양육 방식의 문제를 국가가 가정에까지 침투해 관여할 필요가 없다는 비난(안정민, 2007: 135)이 타당하다고 볼 수 있다.

이렇게 볼 때 디지털 미디어 환경에서 미디어의 유해성으로부터 가족 구성원을 보호하고 미디어를 올바르게 이용할 수 있는 지도나 중재, 즉 디지털 미디어 교육으로의 방향 전환과 그에 대한 논의가 절대적으로 필요한 시점에 와 있다. 그러나 정작 미디어의 이용이 시작되고, 미디어가 가장 많이 이용되고 있는 공간인, 그렇기 때문에 미디어 교육의 출발점이 되어야 하는 가정에서의 미디어 이용 지도 실태에 대한 검토와 올바른 실천을 위한 방법론적인 논의가 거의 부재한 실정이다. 이에 최근의 미디어 환경 변화 및 실제 미디어 이용 실태를 반영한 디지털 미디어 교육의 실천을 목표로, 부모의 디지털 미디어 이용 지도와 관련된 이슈를 집중적으로 검토함으로써, 미디어 교육의 효율적인 실천 방안을 모색할 필요가 있다.

가정에서의 디지털 미디어 이용 지도에 대한 논의의 필요성에 따라, 이 글에서는 디지털 미디어 교육의 개념 및 특징과 가정에서의 디지털 미디어 교육 실천에 영향을 미치는 요인에 대해 알아보고자 한다. 그리고 이와 같은 요인을 토대로 실제 가정에서 디지털 미디어 이용 지도가 어떻게 이루어지고 있는지를 살펴보고, 마지막으로 바람직한 디지털 미디어 이용 지도를 위한 지침을 제시한다.

2. 디지털 미디어 교육에 관한 개념적 고찰

1) 디지털 미디어 교육의 개념과 목표

미디어 리터러시(media literacy)의 개념이 미디어, 리터러시, 그리고 미디어 리터러시의 목적에 따라 서로 다른 의미로 정의되는 것처럼(Christ and Potter, 1998), 미디어 교육의 개념도 다른 의미로 변천해왔다. 초기의 미디어 교육은 유해 환경에서 수용자를 보호하는 교육으로 인식되었으나, 점차 미래를 준비하는 전인 교육 및 평생 교육의 차원에서 새로운 수용자상을 정립하는 중요한 방안으로 이해되고 있다(안정임, 2007: 11). 이것은 유럽의 미디어 교육 개념의 변천사와 맥을 같이 한다. 즉, 미디어 교육은 20세기 전반, 저질의 미디어 내용으로부터 어린이와 청소년을 보호하려는 '보호주의적 관점의 미디어 교육'에서 출발했으며, 1970년대 초에 등장한 '미디어 선용 능력'이라는 새로운 이론이 미디어 교육의 중요한 이론적 배경과 목표가 되었고, 20세기 후반 뉴미디어의 등장은 미디어 교육 학문 영역의 확장을 가져왔다(문혜성, 2000: 47~48).

초기의 미디어 교육은 텔레비전 이해 훈련(Television Awareness Training), 텔레비전에 대한 비판적인 시청 등으로 시작되었는데, 이 시기의 미디어 교육 개념은 한마디로 미디어를 이해시키는 교육이었다. 이런 개념 정의는 보호주의적 관점에서 비롯된 것으로, 유네스코는 같은 관점에서 미디어 교육을 현대의 커뮤니케이션에 대해 배우고 가르치는 연구로서 정의했다 (최창섭, 1990: 17에서 재인용)

1970년대 이후 미디어 교육은 이전의 보호주의적 패러다임에서 벗어나서 미디어 또는 커뮤니케이션 능력(competence)을 강조하는 관점으로 전환된다. 새로운 언어로서의 텔레비전을 인정하는 데 주력하면서, 이를 통해 미디어 언어를 읽을 수 있는 능력을 기르는 데 미디어 교육의 목적을 두었다. 여기서 커뮤니케이션 능력이란 본질적으로 교육을 통해 획득되어야 하는 능력인 리터러시보다는 넓은 의미로, 인간이 태어나면서부터 반드시 갖추어야 할 능력이다. 그리고 이러한 커뮤니케이션 능력으로 정의될 때, 미디어 교육의 개념이 좀 더 필수적인 요소로 적용될 수 있다(김양은, 2005:

23). 이러한 관점에서 미디어 교육은 다양한 형식의 메시지에 접근, 분석, 평가, 그리고 커뮤니케이션할 수 있는 능력으로 정의된다(Hobb, 1998: 16에서 재인용). 또한 안정임·전경란(2006)은 미디어 교육을 궁극적으로 커뮤니케이션 능력을 갖추는 교육으로 정의하고, 미디어에 대한 접근과 활용 능력, 미디어에 대한 비판적 이해 능력, 미디어를 통한 자기표현 능력, 그리고 미디어를 통한 나눔과 참여 능력의 네 가지 능력으로 구성된다고 보았다.

한편 디지털 미디어, 정보통신 미디어 등 다양하고도 복잡한 미디어 환경으로 변화하면서 미디어 교육이라는 용어 대신 '미디어 리터러시'라는 용어가 사용되고 있다.[2] 1992년 미국에서 열렸던 전국 미디어 리터러시 지도자 회의에서는 그동안의 미디어 리터러시 개념을 통합하여, "다양한 형태의 메시지에 접근하고 그것을 분석·평가하며 커뮤니케이션하는 능력"이라는 개념에 의견일치를 보았다(Christ and Potter, 1998: 7). 영국의 오프콤 (Ofcom, 2004)은 미디어 리터러시의 개념을 전자매체에 초점을 맞추고서, "다양한 맥락에서 커뮤니케이션에 접근하고 이해하며 창조할 수 있는 능력"으로 정의하고 있다.[3] 이렇게 볼 때 디지털 미디어 리터러시는 디지털 미디어가 제공하는 메시지에 접근하고 이해하며 커뮤니케이션할 수 있는 능력이다. 초기의 디지털 미디어 리터러시의 교육의 필요성은 컴퓨터와 인터넷 접근 능력의 향상이란 차원에서 인식되었으나, 지금은 이를 능동적

---

2) 미디어 리터러시와 미디어 교육의 관계를 볼 수 있는 개념 정의로, Universiad Autonoma de Barcelona의 연구 보고서(2007: 9)에서 미디어 교육은 과정이고 미디어 리터러시는 이 과정의 결과로 보았다. 리터러시는 읽기와 쓰기라는 인간의 커뮤니케이션과 관련 있는 것으로, 본질적으로 교육을 통해 획득되어야 할 후천적인 생활능력(김양은, 2005: 23)이라는 정의와 같은 맥락에서 이해가 가능하다.

3) http://www.ofcom.org.uk/advice/media_literacy/of_med_lit/whatis.

이고 창의적으로 활용하는 능력, 스스로 정보 제공자 또는 콘텐츠 제작자가 될 수 있는 참여 능력을 교육의 핵심으로 인식하고 있다(안정임, 2007: 19).

이렇게 미디어 교육은 TV 바로보기 교육, 미디어 리터러시, 커뮤니케이션 선용 능력 등의 개념으로 논의되었는데, 국내의 경우에도 초기의 보호주의적, 예방적 관점의 미디어 이해 교육의 개념에서 미디어 메시지 생산 능력까지 포함하는 폭넓은 개념으로 확대되었다. 특히 근래에 와서는 제작교육이 활발해지는 경향을 보이면서, 교육의 목표도 제작 참여과정을 통한 미디어의 속성 이해와 대안매체 활동으로 변하게 되었다(조연하·이영주·배진아, 2007: 210). 디지털 미디어 환경으로 넘어오면서 제작 교육이 더 활발해질 것으로 보인다. 이용자가 제작하는 UCC와 관련하여 여러 가지 법적·윤리적 이슈가 발생하고 있는 점을 감안하면, 특별히 디지털 미디어 제작 교육에서는 그와 같은 이슈에 대한 교육을 반드시 포함시킬 필요가 있다고 본다.

이처럼 디지털 미디어 환경으로 옮겨오면서 미디어 교육의 목표나 방법에서도 지속적인 변화가 예상된다. 새로운 미디어의 특징, 이용 환경, 이용자 속성의 변화에 따라 미디어 교육 방식도 달라져야 하기 때문이다. 하지만 다양한 디지털 미디어의 등장으로 아날로그 시대에는 미처 예상치 못했던 다른 차원의 유해 효과가 발견되고 있고, 새로운 미디어의 특성을 이해하고 올바르게 이용할 수 있는 능력에 대한 교육이 더욱 필요하다고 볼 때, 디지털 미디어 교육의 근본 목표는 아날로그 미디어와 크게 달라지지 않는다. 그런 점에서 박과 비딕스(Park and Biddix. 2008)가 디지털 미디어 교육의 실용주의적인 목표는 미디어 능력(empowerment)과 보호라고 한 점에 동의한다. 이들은 능력 차원의 목표란 청소년에게 새로운 디지털 미디어와 그것을 통해 전달되는 콘텐츠를 최대한 이용하는 것이며, 보호 차원의 목표는 새로운 미디어의 유해 효과로부터 청소년들을 보호하는 데 초점을 둔 것이라고 보았다. 그리고 도마유(Domaille)와 버킹엄(Buckingham)이 설명

한 대로, 미디어 교육이 예방 차원의 접근에서 능력 차원의 접근으로 옮겨
가는 경향을 보이고 있지만, 디지털 미디어는 아직은 국가의 정책적 관심사
로서 인지되기 시작했을 뿐이라는 점을 강조했다(Park and Biddix, 2008:
105~106에서 재인용). 이런 점을 감안하여 디지털 미디어가 도입 초기이고,
가정의 이용 지도가 디지털 미디어의 부작용 예방 차원에서 비롯된 것이라
고 볼 때, 디지털 미디어 교육은 보호주의적인 관점에서 미디어의 유해
효과로부터 이용자를 보호하고 미디어 능력의 관점에서 미디어를 올바르
게 이용하는 것을 지도하는 개념으로 정의할 수 있다.

2) 국내 디지털 미디어 교육 연구의 성향

전통적인 사회에서 청소년 보호는 사적인 영역에서 부모의 책임으로
간주되었다. 하지만 전통적인 가족체계가 무너지고 매스 커뮤니케이션의
발달을 비롯한 사회적 변화에 따라, 청소년의 보호와 교육을 위해서 사회와
국가의 적극적인 개입이 필요하다는 생각이 일반화되었다(박용상, 2002:
287). 이에 따라 미디어의 유해 환경에서 청소년을 보호하고 가족 내 커뮤니
케이션이나 미디어 이용 환경을 개선하기 위한 목적에서 국가가 각종 정책
과 제도를 시행하고 있다.[4]
이것이 국가의 온정주의에서 비롯된 것이라고 한다면, 미디어의 유해성
에서 미디어 이용자를 보호하고 미디어를 올바르게 이용하기 위한 목적을
가지고 민간 차원에서 출발한 것이 미디어 교육 운동이다. 특히 국내에서
미디어 교육은 주로 시민단체가 중심이 되어 발전해왔으며, 그 외에는 학교

---

4) 가족 시청 시간대, 청소년 시청 보호시간대, 방송 프로그램 등급제, 인터넷
   등급제, 방송심의 등과 관련된 여러 가지 제한과 규정이 있다.

에서의 비정기적인 교육, 방송위원회, 언론재단, 방송문화진흥회와 같은
공공기관 등에서의 교재와 세미나 지원, 시청자 및 시민단체에 의한 미디어
교육 제작 및 강사 교육 등에 집중되어 있는 것이 특징이다.

미디어 교육에 대한 국내 연구는 미디어 교육의 필요성 논의, 미디어
교육의 사례 분석, 미디어 교육 정책 관련 논의와 같이 크게 세 가지 형태를
중심으로 진행되었다(김양은, 2005: 28~29). 하지만 이 연구들은 주로 학교
나 사회단체에 의한 미디어 교육에 초점이 맞추어져 있는 경향을 보인다.
이러한 연구 경향은 미디어 교육의 현장이 학교에 치중되었으며, 가정이라
는 공간에서의 미디어 교육 연구가 연구 영역에서 배제되어 있음을 의미한
다. 결국 국내의 미디어 교육 관련 논의는 학교라는 공교육 제도권에 들어
가기 훨씬 이전의 단계인 유아기부터 미디어를 접하게 되는 중요한 공간을
소홀히 했던 점이 그 한계라고 볼 수 있다.

디지털 미디어의 등장으로 커뮤니케이션 방식 및 미디어 이용 행태 자체
가 변화하고 있는 시점에서, 미디어 환경 변화를 감안한 미디어 교육의
방향 설정 및 구체적인 방안 모색은 매우 중요한 의미를 지닌다(안정임,
2002). 그럼에도 최근에 등장한 대다수의 논의는 개념적 논의나 발의 수준
에 그치고 있다. 좀 더 구체적이고 미시적인 수준에서 미디어 교육의 내용,
방법, 평가에 대한 논의로 전개시키지 못하고 있으며, 특히 디지털 미디어
교육에 대해서는 구체적인 방법론과 평가 모델을 제시하지 못하고 있다(김
양은, 2005: 30).

학문적 관심이 미디어 교육의 공교육화로 모아지면서 국내에서 가정에
서의 미디어 교육에 관한 논의가 부족했던 점이 사실이지만, 이에 대한
관심이 전혀 없었던 것은 아니다.5) 비록 소수이지만 가정에서의 TV 시청

5) 여성매스컴연구회가 1980년대 중반 『TV 시청 지도 지침서』라는 번역서를

지도 유형에 대한 학문적 연구들이 시도된 바 있는데(안정임, 2003; 이은미, 2002), 부모의 구체적인 지도 방식에 대한 논의는 그다지 활발한 편이 아니었다.6)

그런가 하면 가정에서 디지털 미디어의 이용이 증가함에 따라 그것의 부정적인 효과에 대한 연구도 점차 많아지고 있다. 미국에서 실시된 1997년 초등학생 어머니 대상의 FGI 조사에서는, 인터넷을 통한 자녀의 음란물과 부적절한 콘텐츠 노출 또는 낯선 사람들과의 접촉 가능성을 우려하고 있는 것을 발견할 수 있었다.

또한 1999년 서베이 결과, 컴퓨터를 보유한 부모의 75% 이상이 자녀의 개인정보 공개나 노골적인 성 표현물에 대한 노출을 걱정하고 있는 것으로 나타났다(Wartella and Jennings, 2001: 67에서 재인용). 이와 같은 부모의 걱정은 가정에서의 디지털 미디어 이용 지도에 관한 논의의 필요성을 제기한다.

발표하고, 1997년 『적극적인 텔레비전 시청』이라는 제목의 저서를 발표하는 등 가정에서의 텔레비전 시청 지도에 관한 연구 활동을 했다. 또한 방송위원회가 발간한 ≪방송과 시청자≫에 1995년 3월부터 2년 동안 '가정에서의 시청 교육'이라는 제목으로 연재된 안정임의 연구, 토론과 대화를 이용한 가정에서의 시청 지도를 강조한 조연하의 연구(1998) 등을 들 수 있다.

6) 이에 비해 미국의 경우 시청 중재의 유형(Austin, Knaus and Meneguelli, 1997; Nathanson, 2001), 시청 중재 효과(Austin, 1993; Austin and Pinkleton, 2001; Desmond et al., 1985; Dorr·Kovaric·Doubleday, 1989; Van den Bulck and Van den Bergh, 2000), 시청 지도의 결정 요인(Abelman and Petty, 1989; Abelman, 1990; Burleson·Delia·Applegate, 1995; Valkenburg et al., 1999; Van der Voort·Nikken·Van Lil, 1992; Waren, 2005) 등 다양한 차원에서 접근을 시도한 경향을 보인다.

3. 가정에서의 미디어 이용 지도 실천 요인

이 절에서는 기존 논의에서 가정에서의 미디어 이용 지도와 관련하여 중요하게 고려되었던 요인들을 중심으로 살펴보기로 한다.

1) 가정의 미디어 환경 및 이용 습관

가정 내 미디어 환경 변화와 이용 습관은 가족 커뮤니케이션과 기존의 미디어 이용은 물론이고 미디어 이용 지도에도 영향을 줄 것으로 예상된다. 가정의 미디어 환경은 인터넷을 중심으로 한 디지털 미디어의 도입으로 크게 달라졌다. 이런 변화는 무엇보다도 인터넷의 확산과 채택의 속도에서 찾아볼 수 있다. 예를 들어 영국 가정의 미디어 채택률은 텔레비전의 경우 1955년 40%에서, 1964년 80%, 1988년 98%였으며, 컴퓨터는 1998년 34%, 2002년 54%였다. 인터넷의 경우는 조금 더 빨라서, 2000년 33%에서 2003년에는 48%로 전체 가정의 절반가량으로 빠르게 확산되었다(Livingstone, 2005: 921).

이처럼 각 가정으로 빠르게 확산되었던 인터넷은 가정의 일상생활에 많은 영향을 미치고 있다. 실제 조사 결과, 인터넷과 같은 온라인 미디어 이용이 신문 구독, 전화 이용, 그리고 가족 간 대화에 보내는 시간을 감소시키고 있는 것으로 나타났다(Kayany and Yelsma, 2000: 227). 특히 인터넷을 많이 이용할수록 대인 커뮤니케이션의 양이 감소되는 조사 결과(박소라, 2005; Gentile and Walsh, 2002)도 있어, 인터넷 이용이 가족 간 커뮤니케이션에도 적지 않은 영향을 미친다는 사실을 알 수 있다.

한편 가족 구성이나 구성원의 특징에 따라 미디어 이용에도 차이가 있을 수 있다. 연구 결과, 텔레비전 시청, 신문 구독, 전화 이용, 그리고 온라인 미디어 이용에서 가족 구성이나 구성원의 성별과 세대 간에 아주 많은 차이가 있는 것으로 나타났다. 즉, 남성이 여성에 비해, 어린이가 성인에 비해 온라인 미디어와 새로운 기술을 더 많이 사용하고 있다(Kayany and Yelsma, 2000: 222~223). 또한 남학생은 컴퓨터 사용이 많고 게임을 즐겨 하는 반면, 여학생은 TV 시청이나 휴대전화를 이용한 문자메시지 사용이 더 많은 경향을 보인다(김은미·나은영·박소라, 2007; 박소라, 2005). 그리고 편 부모 가정이거나 소외 집단 또는 저소득 집단일수록 텔레비전, 영화, 비디 오 게임, 라디오나 CD를 이용하는 시간이 더 많은 것으로 나타나고 있다 (Gentile and Walsh, 2002: 159).

이와 같은 기존의 연구 결과나 논의들을 토대로 한다면, 가정에서의 디 지털 미디어 이용 지도에 관한 논의에서는 TV, 라디오, 컴퓨터, 인터넷 등 각각의 미디어를 따로따로 연구하기보다는 가정에서 이용 가능한 다양 한 미디어들을 통합적으로 다룰 필요가 있으며, 가족 구성의 특징이나 구성 원 개개의 성향 등을 종합적으로 검토해야 한다.

2) 미디어 이용과 부모의 자녀교육

일반적으로 저녁 식사시간은 온 가족이 함께 모여 대화를 나눌 수 있는 유일한 시간이다. 하지만 1999년 조사에 의하면, 자녀를 둔 미국 가정의 58%가 저녁 식사시간에 텔레비전을 시청하고 있는 것으로 나타났다 (Gentile and Walsh, 2002: 158에서 재인용). 이러한 시청 습관은 가족 간의 상호 작용을 줄이고 가족 간 커뮤니케이션에 장애 요인으로 작용할 수 있다. 이것은 가정에서 자녀의 미디어 이용에 대한 부모의 관심이 부족하거 나 잘못된 자녀교육에서 비롯된 현상으로, 좀 더 구체적으로는 미디어 이용 규칙이 없다는 것을 의미한다.

가정에서 부모는 미디어 이용 시간이나 콘텐츠 유형을 제한하거나 미디어 이용 규칙을 정하는 등 자녀의 미디어 이용을 여러 가지 방식으로 통제할 수 있다. 하지만 실제로는 부모가 자녀의 미디어 이용을 통제하려는 노력을 많이 하지 않는 것으로 나타나고 있다. 미국에서 1999년 실시된 조사들에 의하면, 조사 대상 가정의 38%만이 TV 시청 규칙을 정해놓고 있었으며, 부모가 없는 공간에서 어린이가 TV를 시청하는 경우가 85%나 됐다(Gentile and Walsh, 2002: 160에서 재인용). 더군다나 다매체 미디어 가구가 증가하고 있는 상황에서는 이용 규칙을 정하거나 자녀의 미디어 이용을 통제하는 것이 더욱 어려워진다. 하지만 자녀의 미디어 이용 지도는 불필요한 미디어 이용을 줄이고 공부나 운동 등 다른 활동을 장려하기 위해 절대적으로 필요하다.

가정에서의 미디어 이용 지도에 관한 그동안의 논의는 텔레비전의 시청지도에 집중된 경향을 보인다. TV 시청 지도의 유형은 어떤 프로그램을 볼 수 있는지, 언제 볼 수 있는지, 몇 시간이나 볼 수 있는지를 구체적으로 정해주는 등 분명한 시청 규칙을 정하는 제한적 시청 지도, 프로그램 내용의 이해를 도와주고 미디어 내용의 이용을 장려하는 설명적 지도, 좋아하는 프로그램을 함께 시청하면서 시청을 감시하는 공동 시청으로 분류된다(이은미, 2002). 안정임(2003)의 연구에서는 시청 행위에 개입한다는 의미에서의 '중재'라는 용어를 사용하여, 시청 중재의 유형을 제한적 중재, 설명적 중재, 공동 시청으로 분류했다. 이 중 설명적 중재는 부모가 자녀의 연령에 맞는 질문을 하거나, 자녀의 질문에 답해주거나, 자녀의 이해를 돕는 방식으로 프로그램 내용을 설명하는 적극적인 중재를 의미(Komaya and Bowyer, 2000: 349)하는 것으로, 가장 바람직한 시청 중재 방법으로 논의되고 있다.

이와 같은 세 가지 유형의 시청 중재 또는 시청 지도 방법은 각각 별개의 효과를 얻는 것으로 나타났다. 부모와의 공동 시청과 미디어 메시지 중재에 관한 연구에 의하면, 공동 시청과 미디어 메시지에 관한 설명은 유익한

잠재력을 가진다. 일부 학자들은 설명을 동반한 공동 시청이 텔레비전의 교육적인 내용을 어린이들이 이해하고 학습하는 것을 촉진시키며, TV 시청의 유해 효과를 잠재적으로 완화시키는 데 효율적인 방법이 될 수 있다고 언급했다. 또한 공동 시청은 자녀가 서로 다른 미디어에 노출됨으로써 갖게 되는 가치관들을 올바르게 여과시키고 올바른 미디어 소비자로 교육시키는 효과도 있다(Gentile and Walsh, 2002: 160).

하지만 TV 시청 지도 또는 중재가 항상 긍정적인 영향을 미치는 것만은 아니다. 제한적 시청 지도는 일반적으로 TV 이용량을 감소시키는 등 긍정적인 효과가 있지만, 너무 지나친 제한은 오히려 부정적인 영향을 미치는 것으로 알려져 있다. 이것은 한 매체의 이용에 대한 제한은 다른 매체의 이용량 증가를 초래한다는 연구 결과(이은미, 2002; Van den Bulck and Van den Bergh, 2000)와 같은 맥락에서 이해할 수 있다. 공동 시청의 경우는 연구 결과가 다소 엇갈린다. 공동 시청은 교육적인 학습에 긍정적인 효과가 있는 반면, 폭력 행위의 학습이나 텔레비전 등장인물을 현실의 인물로 착각하는 등의 현상과 관련해서 부정적인 영향이 있는 것으로 나타나기도 했다 (Nathanson, 2001: 202). 또한 일반적으로 중재 행위가 TV 노출을 감소시키는 방향으로 이루어진다는 통념상, 단순한 공동 시청이 시청 시간 증가와 관련 있다는 점에서 중재 행위로 보지 않고 일종의 시청 행태로 보는 견해도 있다(안정임, 2003; Nathanson, 2001).

한편 부모들이 자녀의 미디어 이용을 통제하거나 중재한다 할지라도, 방법에 일관성을 띠지 않는 경우가 있다. 자녀에 따라 미디어 이용 시간을 정해주기도 하고 정해주지 않기도 하며, 동일한 자녀에게조차도 미디어 이용 여부에 대한 허락을 요구할 때도 있고 그렇지 않은 경우도 있다. 자녀의 미디어 이용 규칙을 놓고 부부간에 의견이 다른가 하면, 심지어는 아무도 없는 거실에 늘 TV를 켜놓고 있기도 한다. 부모의 자녀교육 방식에서 일관성이란 부모 중 한 사람이나 양쪽 부모가 다양한 상황에서 자녀를 대하는 방식의 유사성으로 정의된다. 일련의 연구에서는 부모의 자녀교육 방식의 일관성 결여가 사춘기 청소년의 정서적인 발달이나 문제행위와 연관되어 있음을 보여주고 있다(Gentile and Walsh, 2002: 161).

3) 미디어 이용의 개인화

가정에서 생활공간의 중심에 텔레비전 수상기가 설치되어 있던 시절에는 공동 TV 시청이 가족을 함께 모이게 했으며, 부부나 자녀들의 문제를 해결해주는 등 가정생활을 부활시키는 역할을 하는 것으로 간주되었다. 그러다가 새로운 마케팅 전략으로 휴대용 또는 개인용 TV 수상기가 보급되고, 대형 스크린과 칼라 TV, 원격 조정기 등이 등장하면서 다수상기 가구가 늘어나기 시작했다. 이에 수반된 현상으로 낡은 TV 수상기가 자녀의 방으로 밀려나게 되고 어린이·청소년의 방에는 점차 TV 수상기, 라디오, 녹음기, CD 플레이어, 컴퓨터와 같은 많은 미디어가 자리 잡기 시작했다. 이와 같은 미디어 포화 상태는 미디어 이용의 개인화를 촉진시켰으며, 특히 뉴미디어는 미디어 이용의 개인화 현상을 더욱 증가시켰다(Wartella and Jennings, 2001: 60~61). 미디어 이용의 개인화란 가정 내 미디어의 수적인 증가로 인해 미디어 장치에 대한 통제권이 가족 전체에서 가족 구성원 개개인으로 바뀐다는 의미이다(Eggermont, 2006; Van Rompaey and Roe, 2001).

이렇게 볼 때, 미디어 이용의 개인화는 가정에 미디어의 수가 얼마나 많은지, 그리고 미디어가 가정의 어느 공간에 위치해 있는지가 매우 중요한 요인으로 작용할 수 있음을 알 수 있다. 실제 조사 결과에서도 영국의 10대 청소년 개인이 시청하는 비율이 40%에서 50%, 그리고 70%를 넘어섰으며, 침실에 TV 수상기를 설치할수록 TV 시청률이 훨씬 더 높아지는 현상을

138

보이고 있다(Eggermont, 2006: 742~743에서 재인용). 에거몬트(Eggermont, 2006)는 청소년들의 TV 시청 패턴 변화를 연구한 결과, 낮 시간대와 프라임 타임의 시청률은 감소 추세를 보이는 것에 비해, 늦은 밤 시간대 시청률이 증가하는 현상을 발견했는데, 특히 자신의 방에 TV 수상기가 있는 청소년 일수록 TV 시청 시간이 많은 것으로 나타났다. 그뿐만 아니라 가정에 TV 수상기 보유대수가 많을수록 TV 시청의 개인화 현상이 증가하는 것으로 나타났는데(Gentile and Walsh, 2002: 160), 이것은 결국 부모의 TV 시청 지도 를 어렵게 만들 수밖에 없다.

4) 미디어에 대한 이해

기본적으로 부모들이 미디어와 그것의 효과에 대해 얼마만큼 알고 있는 지가 가정에서의 미디어 이용 지도에 중요하게 작용한다. 첫째, 부모들에게 텔레비전 프로그램에 대한 정보나 권고안을 제공하는 것은 TV 프로그램에 대해 부모와 자녀가 대화를 많이 나눌 수 있도록 해준다. 앞에서도 언급했 듯이 부모의 시청 중재는 어린이들의 이해와 미디어 효과에 중요한 영향을 미치며, 부모의 미디어 리터러시를 증가시키는 것은 어린이들의 비판적인 시청 기술 습득에 효율적이기 때문이다. 둘째, '예방적 사회화'의 방식으로 자녀에게 부모의 가치관, 신념, 태도 등을 전해줌으로써 자녀의 미디어 이용 습관에 긍정적인 영향을 줄 수 있으며, 부모가 자녀의 미디어 이용을 통제할 수 없는 상황에도 자녀가 올바르게 미디어를 이용할 수 있다(Gentile and Walsh, 2002: 178). 따라서 부모가 미디어의 기능 및 효과에 대해 기본 지식을 갖는 것은 자녀의 미디어 이용 중재에 절대적으로 중요하다.

청소년에게 미치는 미디어의 효과는 사실 긍정적일 수도 있고 부정적일 수도 있다. 이에 대해서는 미디어 폭력, 음주, 학습, 소비, 독서, 사회관계,

성적 등을 중심으로 다양하게 연구되었지만, 상반된 결과를 보여주고 있다.
이런 점에서 가정에서의 미디어 이용 지도의 역할이 상당히 중요하다. 가정
이라는 공간은 미디어가 어린이와 청소년에게 미치는 효과를 관찰할 수
있는 훌륭한 장소이기 때문이다. 부모는 자녀가 TV에서 본 내용을 모방하
는지, 연예인과 똑같은 옷을 입고 싶어 하는지, 광고에서 본 상품을 사달라
고 조르는지, 공포영화에서 본 장면 때문에 무서워하고 있는지 등을 관찰할
수 있는 특권을 가지고 있다(Gentile and Walsh, 2002: 162). 가정이라는 공간
이 전문적이지는 않더라도 미디어 효과를 직접 측정하고 평가할 수 있는
장소라는 점을 감안할 때, 부모가 미디어 효과를 직접 느끼고 미디어 이용
을 제대로 지도하기 위해서는 부모의 미디어 리터러시 능력이 절대적으로
필요하다. 특히 부모의 미디어 리터러시 교육에서는 디지털 미디어의 특징
이나 이용 윤리에 대한 내용이 강조되어야 한다. 예를 들면, 디지털 미디어
를 이용하는 데 가장 중요한 법적 이슈 중 하나인 저작권이나 타인의 명예
훼손, 사생활 침해에 대한 미디어 교육이 필요하다.

5) 제도적 장치의 활용

미디어에 대한 이해뿐만 아니라 미디어와 관련된 제도적 장치도 미디어
이용 지도에 긍정적으로 작용한다. 국내에서는 방송의 유해 효과로부터
어린이와 청소년을 보호하기 위한 제도적 장치로, 방송 프로그램 등급제와
청소년 시청 보호시간대가 운용되고 있다. 그리고 기술적인 장치로 케이블
방송의 채널잠금장치나 인터넷의 유해정보 기술차단장치 등이 있다. 이와
같은 제도적 장치의 활용에 대한 연구는 뉴미디어보다 텔레비전 연구에
편중된 경향을 보인다. 연구에 의하면, 자녀의 연령이 낮을수록, TV 시청이
많을수록 등급제에 대한 호의 정도가 높았고, 등급제에 대한 호의 정도가

높을수록, 등급제를 많이 활용할수록 실제적인 시청 통제가 활발히 이루어졌다. 아버지보다 어머니가 등급제를 더 많이 이용하고, 제한적 시청 지도 유형과 함께 설명적 지도 유형을 채택하는 가정에서 등급제를 더 많이 이용하는 것으로 나타났다(강명현, 2005). 또한 부모들은 청소년 시청 보호 시간대와 방송 프로그램 등급제를 시청 지도에 어느 정도 활용하고 있지만, 중·고등학생의 등급 외 프로그램 시청에 대해서는 별다른 지도나 제재를 하지 않는 경향이 있었다(배진아, 2008).

미국의 경우에도 1990년대 중반 이후부터 방송 등급제와 함께 V칩 장치 제도를 도입해 운영하고 있다. 자녀의 TV 시청을 감시하거나 통제하기 위한 용도로 V칩을 활용하는 것에 대해 부모들의 관심도가 높은 것으로 나타났다. 부모들은 부모가 외출할 경우, 아이의 침실에 수상기가 있을 경우, 프로그램의 내용에 대한 사전 지식이 없을 경우, 그러한 기술차단장치가 유용하다고 인식하고 있었다. 하지만 등급제나 V칩에 대한 부모들의 인지도는 도입 초기에만 높았을 뿐 점차 감소되는 경향을 보이며, 2001년 조사에 의하면 V칩에 대해 알고 있더라도 3분의 2가 장치를 활용하지 않고 있었다(Scantlin and Jordan, 2006: 140).

이처럼 미디어의 유해 효과를 줄이기 위해 마련된 청소년 보호제도나 정책의 실효성은 그것을 실천하는 공간인 가정에서 부모의 호응이 있어야만 기대할 수 있다. 가정에서 제도적 장치를 적극적으로 활용하지 않는다면, 효율적인 미디어 이용 지도를 위한 유용한 도구를 충분히 활용하지 않고 있음을 의미한다. 따라서 부모를 대상으로 정책적인 차원에서 이런 장치에 대한 지속적인 홍보와 교육이 필요하다.

이상의 논의를 토대로 한 결과, 디지털 미디어 리터러시 실천을 위한 부모의 미디어 이용 지도에는 기본적으로 가족 구성 및 관계, 가족 간 커뮤니케이션, 가정에서의 미디어 보유 상황 및 위치, 이용 실태, 이용 규칙,

이용 공간, 제도적 장치의 활용 등과 같은 여러 요인들이 중요하게 작용할 수 있음을 알 수 있다.

4. 가정의 디지털 미디어 이용 지도 실천 현황

이 절에서는 초·중·고등학생 자녀를 둔 어머니를 대상으로 실시한 FGI(Focus Group Interview)[7]의 결과를 근거로 하여, 디지털 미디어 이용이 시작되는 현장인 가정에서의 미디어 이용 지도 실천에 대해 살펴본다.

1) 디지털 미디어 이용과 지도의 공간: 미디어 환경 및 이용 실태

대부분의 조사 대상자가 가정에 TV, 컴퓨터, MP3, 휴대전화, PMP, DVD 플레이어 등을 보유하고 있었고, TV가 2대, 컴퓨터가 2~3대인 가정과 같이 동일 미디어의 복수 소유 가구도 소수 있었다. 대부분의 자녀가 소유한 디지털 미디어를 보면, MP3는 음악 감상이나 영어 학습용으로, 휴대전화는 대개 중학교에 입학하면서 부모가 구입해주는 경향을 보였다.

---

7) 이 조사는 초·중·고등학생 자녀 1명에서 3명을 둔 어머니들로 구성된 6개의 동질적인 소그룹을 대상으로 실시한 것으로, 조사에 참여한 어머니는 17명이다. 실제 조사는 2008년 10월 7일에서 11월 19일 사이에 각 집단별로 1회씩, 모두 6회에 걸쳐 실시되었다. 조사 내용은 첫째, 가족 구성 및 가족관계, 가족 간 커뮤니케이션과 같은 가정의 특징, 둘째, 미디어 보유 상황 및 이용 실태, 미디어의 공간 배치와 같은 가정의 미디어 환경 및 이용, 그리고 마지막으로, 미디어 이용 지도 현황을 조사하기 위한 미디어 기능에 대한 인식, 미디어 이용 규칙, 미디어 이용 지도 유형, 제도적 장치의 활용 등을 중심으로 구성된다.

　기존 연구에서 입증된 바와 같이, 자녀들의 미디어 이용 패턴은 성별 차이가 뚜렷했다. 딸은 휴대전화가, 아들에게는 컴퓨터가 중요한 미디어로 사용되고 있으며, 주로 이용하는 콘텐츠나 서비스도 딸은 문자, 아들은 게임이라는 것이 어머니들의 지배적인 의견이었다. 한편 학원과 과외로 인한 자녀의 바쁜 하루 일정 때문에 기본적으로 온 가족이 대화할 기회가 식사시간 외에는 거의 없으며, 대화도 지극히 일상적인 이야기에 그치고 있었다. 한마디로 가족 간에 진지한 커뮤니케이션 기회가 절대적으로 부족했다. 이렇게 가족 간 커뮤니케이션을 줄이거나 부모와의 대화에 방해가 되는 자녀의 미디어 행위로는 휴대전화 문자나 MP3를 이용한 음악 감상을 꼽을 수 있다. 가족과 밥을 먹을 때에도 자녀들이 MP3 이어폰을 귀에 꽂고 음악을 듣거나 휴대전화로 친구와 문자를 하기 때문에, 다른 식구들과의 대화가 거의 어렵다는 것이다.

　한편 가정에서 미디어가 위치하는 공간은 미디어 이용 지도에 상당히 중요하다. 대개 컴퓨터는 가족이 모이는 공동의 공간인 거실에 놓여 있으며, TV는 거실 또는 부모 방에 있었다. 자녀의 방에 컴퓨터를 놓았던 가정의 경우에도 자녀의 지나친 컴퓨터 게임 때문에 거실로 위치를 바꾼 사례들이 더러 있었다. 자녀의 방에 컴퓨터를 둘 경우 어머니의 컴퓨터 이용 중재가 제한되며, 자녀 또한 스스로 미디어 이용량을 통제하기 어렵다는 한계가 있기 때문이다. 결국 가정에서 보유하는 미디어 수의 증가와 더불어 미디어 위치로 인한 미디어 이용의 개인화 현상이 자녀의 미디어 이용 지도를 어렵게 하는 요인으로 작용할 수 있다.

2) 자녀의 미디어 이용 지도의 현장

(1) 디지털 미디어 리터러시의 기초: 미디어의 기능 인식

미디어 이용 지도가 자녀교육에 포함된다고 볼 때, 미디어에 대한 지식이나 정보는 자녀를 위한 입시 정보나 건강 정보 못지않게 중요하다. 부모가 미디어와 미디어 효과에 대한 지식이 많을수록 자녀의 학교 성적이 좋다는 연구 결과(Gentile and Walsh, 2002: 174)가 이를 입증해준다.

물론 모든 부모에게 미디어의 특징이나 효과에 대한 풍부한 지식을 요구할 수는 없다. 하지만 대부분의 부모가 미디어가 자녀에게 미치는 효과에 대해 피상적으로만 알고 있을 뿐 충분한 지식이 없다. 특히 다양한 미디어가 존재하는 디지털 미디어 환경에 적응해야 하는 상황에서, 부모들은 디지털 미디어에 어떤 것이 있으며, 그것들의 기능이나 특징은 무엇이고, 그러한 미디어를 이용함으로써 가정의 일상생활과 사회에 어떤 효과를 얻을 수 있는지에 대해 정확한 지식을 가지고 있는 경우가 드물다.

일반적으로 대부분의 한국 부모는 자녀의 학업 성취도에 가장 큰 관심을 두며 미디어 이용에 관해서는 TV 시청보다 독서나 컴퓨터 이용이 무조건 더 교육적이라는 인식과 인터넷, 특히 게임은 무조건 위험 요소를 갖고 있고 정책적으로 통제되어야 한다는 인식을 보편적으로 가지고 있다(김은미 외, 2007: 227). 이와 같은 미디어 이용에 대한 부모의 인식은 조사에서도 그대로 드러났다. 자녀의 학업 성취도에 대한 지나친 관심 때문에 어머니들은 자녀가 모든 미디어를 교육적인 목적으로만 사용하기를 바라고 있으며, 이에 따라 생기는 자녀와의 갈등도 적지 않았다. 어머니들은 자녀가 MP3나 컴퓨터를 영어 학습용이나 정보 검색용으로만 이용해주기 바라며, 휴식 시간에 잠시 컴퓨터를 사용하거나 MP3로 음악을 듣는 것조차도 불만이었다. 하지만 부모와 자녀 사이의 갈등 요인 중 하나는 미디어의 기능에 대한 인식의 차이이다. 특히 인터넷, MP3, 휴대전화 등의 디지털 미디어는 멀티 미디어의 속성을 가지고 있고, 따라서 다양한 기능을 사용할 수 있는 미디어 자체의 특징을 부모들이 간과했기 때문에 나타난 현상이라고 풀이할 수 있다.

한편 인터넷은 모든 미디어를 통합해서 사용할 수 있는 멀티미디어지만, 그것이 제공하는 콘텐츠나 서비스는 책이나 신문, 영화, 음반 등 단일 미디어를 통해 얻는 콘텐츠에 비해 질이 떨어진다는 지적도 있었다. 이와 같은 생각은 미디어에 대한 이해도가 높은 경우로서 올바른 미디어 이용 지도에 중요한 시사점을 던져준다. 이러한 관점에서 어머니들이 진정 자녀가 학습 성취도를 높이고 고급의 문화를 감상하기를 원한다면, 책이나 신문과 같이 컴퓨터 이외의 다른 미디어를 이용하고 운동이나 예술 감상과 같은 다른 활동을 하도록 지도하는 것이 필요하다. 그리고 인터넷이나 게임이 가지고 있는 순기능과 역기능에 대한 올바른 이해와 함께 자녀의 건전한 성장을 위해 미디어를 긍정적으로 이용하려는 노력을 아끼지 않아야 한다. 이를 위해서는 부모를 위한 미디어 교육의 제도화에 대한 논의가 우선되어야 한다.

(2) 미디어 이용 지도의 실천

부모가 자녀의 미디어 이용을 통제하거나 중재할 필요가 있는 순간을 놓친 경우, 미디어 중독으로 발전될 가능성이 높아진다. 이러한 점에서 부모의 미디어 이용 지도는 매우 중요한 의미를 가진다.

일반적으로 어머니들은 아이들의 먹는 것에 관심이 있지만, 미디어를 통해 무엇을 섭취하는지에 대해서는 큰 관심이 없다. 조사에 참여한 대부분의 어머니가 자녀의 미디어 이용량을 통제하는 것에만 주력할 뿐, 미디어의 콘텐츠나 서비스 내용 선택에 개입해서 중재하는 일을 소홀히 하고 있었다.

예를 들면 평일에는 자녀들의 공부 때문에 TV 시청을 비교적 엄격하게 통제하지만, 주말의 경우에는 TV 시청을 1~2시간 정도 허용하는 편이고 허용하는 프로그램도 개그 프로그램이나 버라이어티 쇼와 같은 오락 프로그램에 편중된 현상을 보였다. 인터넷의 경우도 이용 콘텐츠나 사이트 선택에 대한 부모의 개입이 별로 없기는 마찬가지였다. 특히 자녀의 연령이 높을수록 부모의 개입 자체가 어렵다는 반응을 보였다. 하지만 간혹 유해 콘텐츠에 대한 갑작스러운 노출을 피해가기 위해, 예방 차원에서 어머니가 안전한 특정 사이트를 추천해주는 경우도 있었다.

흥미로운 것은 이용 지도에서 미디어의 유형에 따라 어머니와 아버지의 역할이 구분된다는 점이다. 컴퓨터, 인터넷과 같은 뉴미디어에 대한 이용 통제는 주로 아버지가 하고 있었는데, 컴퓨터에 유해 콘텐츠 차단장치를 설치하거나 불건전한 게임 프로그램을 삭제하고 자녀들의 인터넷 이용경로를 확인하는 형태로 나타났다. 이렇게 뉴미디어의 이용 통제에 대한 어머니의 참여도가 낮은 이유는 컴퓨터 이용 능력이 부족하기 때문이다. 다시 말해서 컴퓨터 또는 인터넷 리터러시가 부족하다는 것이다. 이에 비해 TV 시청은 주로 어머니가 통제하는 편이었다.

한편 어머니들에게서 텔레비전은 부모와 자녀가 함께 시청하면 문제가 없다는 인식이 발견되었다. 15세 이상가의 영화를 상영하는 극장에서 부모를 동반하면 15세 미만의 청소년도 입장이 가능한 것처럼, 텔레비전의 경우도 부모가 함께 시청하면 괜찮을 것이라는 인식이 팽배했다. 문제는 공동 시청을 하는 경우에도 부모가 텔레비전 프로그램에 대해 자녀와 이야기를 나누면서 시청하지 않는 경우가 대부분이며, 이야기를 해도 진지하게 설명하거나 대화를 나누는 것이 아니라 단편적이거나 별 의미가 없는 대화로 이루어지고 있었다. 심지어 자녀가 학교 공부와 관련이 없는 질문을 할 경우 이를 무시하는 어머니도 눈에 띄었다. 앞에서도 언급한 바와 같이,

설명이 부재한 공동 시청은 단순한 시청 행위에 지나지 않는다는 점에서 바람직하지 않다. 무엇보다도 설명을 동반한 공동 시청의 중요성에 대한 부모의 인식이 필요하다.

흥미로운 현상은 자녀 때문에 어머니가 보고 싶은 TV 프로그램을 보지 못해 괴롭다는 불만이 제기됐다는 것이다. 자녀의 공부 때문에 어머니가 보고 싶은 드라마를 보지 못해 금단현상이 생기기도 하고, 어머니가 보면 자녀들도 수상기 앞에 몰려들기 때문에 어쩔 수 없이 수상기를 꺼버리게 되는데, 이러한 상황에서는 어머니 또한 스트레스를 받는다는 것이다. 이것은 자녀의 TV 시청 통제가 곧 부모의 TV 시청 제한으로 연결되는 것으로서, 사실상 부모와 자녀가 동시에 미디어 이용을 제한받는 흥미로운 상황이라고 할 수 있다.

한편 조사 내용에 비추어볼 때, 컴퓨터에 대한 이용 통제는 대개 제한적 이용 지도방식이 지배적이었다. 컴퓨터를 켤 때 부모의 허락을 받고 이용하거나 부모가 비밀번호를 걸어놓았다가 알려주는 방식이다. 심지어는 자녀의 컴퓨터 이용을 금지하기 위해 컴퓨터 코드나 마우스를 감추고 어머니가 외출하는 경우도 있었는데, 이 경우 자녀의 책상 서랍에서 또 다른 마우스를 발견했다는 사례도 있었다. 너무 지나친 제한적 이용 통제는 경우에 따라 또 다른 부작용을 초래할 우려도 있다는 것을 알 수 있다.

일상생활에서 부모와 청소년 자녀 사이에 갈등을 가장 많이 불러일으키는 미디어 중 하나로 휴대전화를 꼽을 수 있을 것이다. 일상적인 가족 간 커뮤니케이션에 지장을 주거나 학습에 방해가 될 정도로 청소년들이 문자를 많이 사용하기 때문이다. 그러나 이러한 경우 휴대전화의 압수나 이용 금지라는 극단적인 지도 방식을 취하고 있는 현상을 보여, 역시 이용 지도에 문제가 있음을 발견할 수 있었다.

(3) 이용 규칙의 실행

이용량이나 이용 방식 등의 미디어 이용 규칙을 자녀와 의논해서 정해놓고 반드시 지키는 습관을 가지는 것이 중요하다. 자녀에게 미디어를 구입해 줄 때부터 학교에는 가지고 가지 않는다든지, 시험 기간에는 이용을 자제하기로 한다든지 등의 이용 규칙을 정해놓고 잘 지키고 있는 가정도 있었다.

하지만 대부분 미디어의 이용 시간에만 신경을 쓰고 이용 방법을 지도하거나 이용 규칙을 지키는 것에 대해서는 그다지 관심을 두지 않고 있었다. 예를 들어 휴대전화 이용 규칙이 지켜지지 않을 경우, 올바른 이용법을 지도하기보다는 압수하거나 이용을 정지시키는 극단적인 방법을 사용하고 있었다. 심지어는 자녀 앞에서 부모가 휴대전화를 던지는 행위도 발생하고 있었다.

자녀들의 미디어 이용 지도나 이용 규칙을 놓고 부부간에 의견 일치가 되지 않는 사례가 눈에 띄는데, 예를 들면 어머니와 사전에 상의 없이 아버지가 불쑥 자녀의 휴대전화나 컴퓨터를 구입하거나, 아버지가 자녀의 시청 지도에 협조를 하지 않는 경우가 적지 않다는 것이다. 일반적인 자녀교육 방식에서 강조되고 있듯이, 어머니와 아버지의 일관성 결여는 자녀에게 미디어 이용 방법에 대해 혼란을 줄 우려가 있다는 점에서 중요하게 고려해야 할 부분이다.

(4) 이용 지도 수단으로서의 제도적 장치 활용

일반적으로 부모들은 각종 미디어의 부정적인 효과를 줄이기 위해 마련된 관련 제도에 대한 정보가 부족하다. 예를 들면 방송, 인터넷, 게임, 비디오와 같은 미디어 유형에 따라 등급제 운용 방식이 조금씩 다르다는 사실을 모르는 부모들이 많았다.

실제 조사에서도 청소년 보호 장치로 청소년 시청 보호시간대가 운용되

고 있다는 사실조차 모르는 어머니들이 대부분이었다. 방송 프로그램 등급
제에 대해서도 극장영화 등급제에 익숙한 덕분에 방송 화면에 등장하는
연령 표시 정도만 이해하고 있는 정도였다. 하지만 이 경우에도 등급을
어떤 방식으로 실제 시청지도에 적용시킬지에 대해서 잘 모르고 있었다.
또한 자녀의 연령에 맞게 등급 표시를 활용하는 어머니도 시청 중간에
폭력적이거나 교육적으로 좋지 않은 장면이 나올 경우 TV를 꺼버린다는
경우도 있었다. 이것은 현행 등급제가 연령 등급과 내용 등급이 병행되지
않는 것에서 비롯된 문제라고 볼 수 있다.

인터넷의 경우에는 음란물을 차단하는 등 기술차단장치를 설치해놓고
있는 경향을 보였다. 하지만 케이블 TV의 경우 저속하고 폭력적인 장면이
자주 등장하는 것에 대한 불만으로 케이블 TV 가입 해지를 신청하는 경우
는 있어도, 가정에서 잠금장치 등을 적극적으로 활용하지는 않은 것이 특징
이었다.

5. 가정의 디지털 미디어 교육 실천을 위한 제언

앞에서 살펴본 실제 현황을 토대로 하여, 가정에서의 디지털 미디어 이
용 지도를 위한 지침을 제시해보았다. 이 지침은 부모를 위한 것으로, 특히
어머니의 입장에서 실천해야 할 사항들로 구성했다.

◉ 가족 구성원 각각의 미디어 이용 패턴을 생각하고 정리해보기

가정에서 효과적인 디지털 미디어 교육을 실천하기 위해서는 먼저 부모
가 본인의 미디어 이용 습관을 되돌아보고, 가족 각자의 미디어 이용을
점검해야 한다. 자녀의 미디어 이용을 통제하기 전에 부모 스스로가 미디어

를 올바른 방법으로 이용하지 않는다면, 자녀를 상대로 한 미디어 이용 지도는 효과가 떨어진다. 부모가 밤늦게까지 드라마를 보는데, 옆에서 같이 보려는 자녀를 설득하기란 쉽지 않을 것이기 때문이다. 이를 해결하기 위한 방법으로 부모 스스로 자신의 미디어 이용일지를 작성해보는 것도 하나의 예가 될 것이다.

이렇게 부모 자신의 미디어 이용 태도를 반성하면서 문제점을 파악한 다음, 자녀의 미디어 이용 패턴을 관찰하고 구체적으로 무엇이 문제인지를 간파하려고 노력해본다. 어머니가 가족 구성원별로 미디어 이용일지를 작성해보는 것도 좋겠지만, 가능하면 온 가족이 하나의 미디어 일지에 각자의 미디어별 이용을 기록한 뒤에 가족의 미디어 이용에서 무엇이 문제인지를 함께 검토해보는 것도 좋을 것이다. 미디어 이용일지에는 미디어별 이용 시간대, 이용 시간, 이용 목적, 실제 이용한 내용, 다른 가족과의 공동 이용 여부, 미디어 이용 효과 등을 기록해본다. 그리고 일주일에 한 번 정도 온 가족이 모여 미디어 이용에 대해 평가하고 이야기해보는 시간을 가지도록 한다. 불필요한 미디어 이용은 없었는지, 온 가족이 함께할 수 있었던 다른 활동은 없었는지, 미디어 이용을 통해 무엇을 얻거나 배웠는지, 혹은 미디어가 제공하는 콘텐츠나 서비스에 어떤 문제점이 있는지 등에 대해 이야기를 나누어본다.

◉ 미디어의 기능에 대해 올바르게 인식하기

아이들은 컴퓨터를 게임용 도구로만 인식하기 쉽다. 반면 부모는 자녀가 컴퓨터를 학습용으로만 사용하기를 원하는 경향이 있다. 이런 엇갈린 인식은 갈등을 초래할 수밖에 없으며, 올바른 미디어 이용 교육에 도움이 되지 않는다. 예를 들면 컴퓨터는 정보를 손쉽게 검색하고 전달하는 데 아주 유용한 미디어이지만, 잘못 사용하면 중독에 빠질 수도 있다. 컴퓨터의 역기능과 긍정적인 기능에 대해 자녀들에게 알기 쉽게 설명해주고, 항상 관심을 가지고 지켜보면서 긍정적으로 사용하도록 지도해주어야 한다. 이런 점에서 부모의 미디어 리터러시 향상이 아주 중요한데, 부모 대상의 미디어 교육 프로그램에 적극적으로 참여해보는 것도 좋을 것이다. 특히 디지털 미디어 환경에서 점점 벌어질 수밖에 없는 부모와 자녀 간의 디지털 격차를 줄이기 위해서라도 미디어 교육은 아주 중요하다.

◉ 설명을 동반한 공동 이용 지도하기

가정에서의 미디어 이용에서 중요한 것은 부모가 관심을 가지고 자녀의 미디어 이용을 가까이서 관찰하는 것이다. 그리고 자녀가 미디어를 이용하는 상황에서 부모가 적극적으로 설명해주는, 소위 설명이 동반된 공동 이용 지도 방식이 가장 효율적이라는 사실을 항상 염두에 두어야 한다. 아울러 미디어 이용 규칙을 적용하는 대상이나 내용에도 부모가 일관성을 유지하기 위해 노력해야 한다.

◉ 이용규칙을 만들어서 잘 지키기

미디어 이용 지도에서 가장 기본적인 것은 이용 규칙을 가족이 함께 정해서 잘 지키는 일이다. 먼저 각각의 디지털 미디어의 기능 및 특징을 이해하고 그러한 미디어를 어떤 용도로 어떻게 사용할지를 정해야 한다. 식단을 미리 정해서 영양가 높고 균형 있는 식사를 해야 가족이 건강해지듯이, 방송 프로그램이나 인터넷상의 콘텐츠 이용의 경우도 언제 어느 것을 이용할지에 대한 계획표를 짜는 것이 좋다.

이용 규칙은 미디어를 구입하기 이전부터 미리 정하는 것이 효율적이다. 예를 들어 인터넷 사이트 회원 가입을 할 때 동의를 해야 하는 약관처럼, 자녀에게 휴대전화와 같은 개인용 미디어를 구입해줄 때도 이용 규칙을 지킬 것을 전제로 하는 것이다. 또한 이용 규칙을 정했더라도, 이용일지를 작성하면서 발견한 문제점을 토대로 필요에 따라 규칙을 변경할 수도 있다. 그리고 가정에서 자녀가 미디어를 이용하기 전에 반드시 부모의 허락을 받을 것을 원칙으로 하는 것이 올바른 이용 습관을 길러주는 데 도움이 될 것이다. 가족 구성원의 이용 규칙 준수 결과를 놓고 상벌제도를 도입하는 것도 좋은 방법이다.

◉ 법제도적 장치를 적극적으로 올바르게 활용하기

미디어의 유해 효과를 줄이기 위해 마련된 청소년 보호제도로 청소년 시청 보호시간대, 방송 프로그램 등급제, 인터넷 유해 콘텐츠 차단장치, 케이블 채널잠금장치 등이 있다. 이러한 제도적 장치들은 가정에서 자녀의 미디어 이용 지도 효과를 높이는 아주 유용한 도구이다. 이것의 올바른 활용을 위해 제도를 운영하는 기관이나 미디어 사업자 사이트에 들어가서 그에 관한 정보를 구해본다.

◉ 대안적인 활동에 온 가족이 적극적으로 참여하기

가정에서 불필요한 미디어 이용을 줄이면 가족 간의 대화가 늘어난다. 가족 간의 대화는 가족관계를 향상시키는 데 기여한다. TV나 인터넷과 같은 미디어 이용 이외에도, 미술 전시회 관람, 스포츠 경기 관람, 도서관 가기 등 대안적인 활동으로 자녀의 관심을 돌리고 온 가족이 적극적으로 참여하도록 한다.

이상에서 살펴본 미디어 이용 지도를 위한 지침은 부모의 입장에서 지켜야 할 지침이지만, 자녀 대상의 조사 결과를 토대로 하여 자녀의 입장에서 지켜야 할 올바른 미디어 이용 지침을 만드는 작업이 뒤따라야 할 것이다. 즉, 가정의 올바른 미디어 이용을 위해 가족 구성원 각자의 입장에서 지켜야 할 지침을 제공해주는 것이다. 더 나아가서 가족 구성이나 가정의 특징에 따라 맞춤형 지침을 개발하는 것도 고려해볼 만하다. 예를 들면 다(多) 미디어 가구를 위한 지침, 대가족을 위한 미디어 지침, 편부모 가정을 위한 지침, 저소득 가정을 위한 지침, 장애아 부모를 위한 지침 등이다.

기존의 미디어 이용 연구는 개인에 초점이 맞추어지거나 세대 단위로 조사가 이루어졌던 경향을 보인다. 이런 점을 감안할 때, 디지털 미디어 이용 지도의 실천에 관한 논의는 가정이라는 사회적 제도를 기반으로 하여 부모와 자녀라는 가족 구성원 간의 상호 작용에 주목했다는 점에서 의미가 있다. 또한 이러한 논의는 미디어 이용이 시작되고 미디어를 가장 많이 이용하는 공간이면서 동시에 실제로 미디어 효과를 관찰하고 평가할 수 있는 공간인 가정에서 미디어 이용을 지도하기 위한 기초 자료와 지침을 제공해준다. 더 나아가서 부모를 위한 미디어 교육의 필요성을 제기하는데, 미디어 교육을 받은 부모는 자녀에 대한 미디어 이용을 좀 더 잘 통제할 수 있기 때문이다. 이런 점에서 지역 사회에서든, 정부 차원에서든 부모를 위한 미디어 교육 프로그램을 지원할 필요가 있다.

참고문헌

강남준·김지환. 1997. 「폭력물 시청과 청소년 폭력성 간의 관계에서 중재변인으로서 자기 효능감 역할」. ≪한국방송학보≫, 13권, 47~86쪽.

강명현. 2005. 「방송 프로그램 등급제의 이용 결정요인과 효과에 관한 연구」. ≪한국언론학보≫, 49권 1호, 300~363쪽.

김양은. 2005. 「미디어 교육의 개념 변화에 대한 고찰」. ≪한국언론정보학보≫, 28호, 77~109쪽.

김은미·나은영·박소라. 2007. 「청소년의 인터넷 유해정보 노출에 영향을 미치는 요인」. ≪한국방송학보≫, 21권 2호, 209~257쪽.

김재숙·이미숙. 2001. 「TV 미디어가 청소년의 신체 이미지에 미치는 영향」. ≪한국의류학회지≫, 25권 5호, 957~968쪽.

나은영·박소라·김은미. 2007. 「청소년의 인터넷 이용 유형별 미디어 이용 양식과 적응: 블로그형과 게임형을 중심으로」. ≪한국언론학보≫, 51권 2호, 392~425쪽.

문혜성. 2000. 「미디어 교육학의 이론적 배경으로서의 '미디어 선용 능력'」. ≪한국방송학보≫, 14권 3호, 47~79쪽.

박소라. 2005. 「어린이의 인터넷 이용특성과 이에 영향을 미치는 개인적, 환경적 요인에 대한 연구」. ≪한국언론학보≫, 49권 4호, 168~224쪽.

박용상. 2002. 『표현의 자유』. 서울: 현암사.

방송통신위원회·한국인터넷진흥원. 2008. 『2008 인터넷 이용 실태 조사 보고서』.

배진아. 2008. 「청소년시청보호시간대에 대한 학부모 인식 조사」. 청소년시청보호시간대 개선을 위한 공청회 및 토론회 발표 논문.

심미선. 2007. 「지상파 텔레비전이 청소년에게 미치는 영향 평가 연구: 사회가치 개념을 중심으로」. ≪방송과 커뮤니케이션≫, 8권 2호, 116~155쪽.

안정임. 2002. 「디지털 시대 미디어 교육 제도화의 필요성과 방향」. 한국언론학회 심포지엄 및 세미나 교육학술위원회 세미나 발제문(2002.7).

_____. 2003. 「한국에서의 TV 시청 중재 유형과 관련 변인에 관한 연구」. ≪한국언론학보≫, 46권 6호, 332~353쪽.

_____. 2007. 「미디어 교육과 미디어 리터러시」. 한국언론학회 미디어 교육위원
　　회, ≪미디어의 활용≫, 방송위원회, 10~27쪽.

안정임·전경란. 2006. 「한국 미디어 교육의 체계화 및 활성화 방안」. 방송위원회
　　연구보고서.

여성매스컴연구회. 1997. 『적극적인 텔레비전 시청: 시청 교육과 프로그램 분석
　　방법』. 한국방송협회.

윤승욱·박원준. 2007. 「휴대전화 애착정도가 사용자의 정서적 반응에 미치는 영향:
　　휴대전화 사용 중단으로 인한 불안, 스트레스, 사회적 관계 회피 수준을
　　중심으로」. ≪한국방송학보≫, 21권 1호, 243~275쪽.

이동현. 2004. 「청소년의 TV 스포츠 시청이 스포츠 태도 형성에 미치는 영향」. ≪한
　　국학교체육학회지≫, 14권 2호, 41~50쪽.

이은미. 2002. 「부모의 시청 지도가 초·중학생 자녀들의 텔레비전 시청 행위에
　　미치는 영향 연구」. ≪한국방송학보≫, 16권 3호, 397~421쪽.

이재현. 2004. 『모바일 미디어와 모바일사회』. 서울: 커뮤니케이션북스.

이준웅·김은미·심미선. 2006. 「다매체 이용자의 성향적 동기: 다매체 환경에서 이
　　용과 충족 이론의 확장」. ≪한국언론학보≫, 50권 1호, 252~284쪽.

조연하. 1998. 「자녀를 위한 시청지도: 토론과 대화가 가장 효율적 방법」. 『방송과
　　시청자』, 123호, 38~42쪽.

조연하·이영주·배진아. 2007. 「시청자단체활동 지원사업의 시청자권익 보호정책
　　으로서의 타당성」. ≪한국방송학보≫, 21권 5호, 204~239쪽.

최이정. 2005. 「가족 커뮤니케이션 양식, 부모의 미디어 폭력 중재, 가정 내 폭력
　　경험이 TV 폭력에 대한 어린이의 도덕적 해석과 공격성에 미치는 영향」.
　　≪한국방송학보≫, 19권 2호, 47~84쪽.

최창섭. 1990. 『인간과 미디어 환경: 미디어 교육이란 무엇인가』. 서울: 나남.

최현철·심미선. 1998. 「텔레비전 폭력물 시청과 청소년의 도식(schema) 변화」. ≪언
　　론과 사회≫, 19권, 120~150쪽.

Abelman, R. 1990. "Determinants of parental mediation of children's television
　　viewing." In J. Bryant(Ed.), *Television and the American family*, Hillsdale,
　　NJ: Erlbaum. pp. 311~326,

Abelman, R. and G. R. Petty. 1989. "Child attributes as determinants of parental television viewing mediation." *Journal of Family Issues*, Vol. 10, No. 2, pp. 251~266.

Austin, E., C. Knaus and A. Meneguelli. 1997. "Who talks how to their kids about TV: A clarification of demographic correlates of parental mediation patterns." *Communication Research Report*, Vol. 14, pp. 418~430.

Austin, E. W. 1993. "Exploring the Effects of Active Parental Mediation of Television Content." *Journal of Broadcasting & Electronic Media*, Vol. 37, No. 2, pp. 147~158.

Austin, E. W. and B. E. Pinkleton. 2001. "The Role of Parental Mediation in the Political Socialization Precess." *Journal of Broadcasting & Electronic Media*, Vol. 45, No. 2, pp. 221~240.

Burleson, B. R, J. G. Delia and J. L. Applegate, J. L. 1995. "Determinants of Parental Guidance of Children's Television Viewing for Special Subgroup: Mass Media Scholars." *Journal of Broadcasting & Electronic Media*, Vol. 26, No. 3, pp. 697~710.

Christ, W. G. and W. J. Potter. 1998. "Media literacy, media education, and the academy." *Journal of Communication*, Vol. 48, No. 1, pp. 5~15.

Desmond, R. J., J. L. Singer, D. G. Singer, R. Calam and K. Colimore. 1985. "Family mediation patterns and television viewing: Young children's use and grasp of the medium." *Human Communication Research*, Vol. 11, pp. 461~480.

Dorr, A., P. Kovaric and C. Doubleday. 1989. "Parent-child Coviewing of Television." *Journal of Broadcasting & Electronic Media*, Vol. 33, pp. 33~51.

Eggermont, S. 2006. "Development Changes in Adolescents' Television Viewing Habits: Longitudinal Trajectories in a Three-Wave Panel Study." *Journal of Broadcasting & Electronic Media*, Vol. 50, No. 4. pp. 742~761.

Gentile, D. A. and D. A. Walsh. 2002. "A normative study of family media habits." *Applied Developmental Psychology*, Vol. 23, pp. 157~178.

Hobb, R. 1998. "The Seven Great Devotes in the Media Literacy Movement."

Journal of Communication, Vol. 48, No. 1, pp. 16~32.

Kayany, J. M. and P. Yelsma. 2000. "Displacement Effects of Online Media in the Socio-Technical Contexts of Households." *Journal of Broadcasting & Electronic Media*, Vol. 44, No. 2, pp. 215~229.

Komaya, M. and J. Bowyer. 2000. "College-educated mothers' ideas about television and their active mediation of viewing by three-to five-year-old children: Japan and the U.S.A." *Journal of Broadcasting & Electronic Media*, Vol. 44, No. 3, pp. 349~363.

Livingstone, S. 2005. "Strategies of parental regulation in the media-rich home." *Computers in Human Behavior*, Vol. 23, pp. 920~941.

Nathanson, A. I. 2001. "Parent and Child Perspectives on the Presence and Meaning of Parental Television Mediation." *Journal of Broadcasting & Electronic Media*, Vol. 45, No. 2, pp. 201~220.

Park, H. W. and J. P. Biddix. 2008. "Digital media education for Korean youth." *The International information & Library Review*, Vol. 40, pp. 104~111.

Scantlin, R. M. and A. B. Jordan. 2006. "Families' Experiences With the V-Chip: An Exploratory Study." *The Journal of Family Communication*, Vol. 6, No. 2, pp. 139~159.

Universidad Autonoma de Barcelona. 2007. "Current Trends and Approaches to Media Literacy in Europe." *European Commission*.

Valkenburg, P. M., M. Krcmar, A. L. Peeters, N. M. Marseille. 1999. "Developing a scale to assess three styles of television mediation: 'Instructive mediation', 'restrictive mediation', and 'social coviewing'." *Journal of Broadcasting & Electronic Media*, Vol. 43, pp. 52~66.

Van den Bulck, J. and B. Van den Bergh. 2000. "The Influence of Perceived Parental Guidance Patterns on Children's Media Use: Gender Differences and Media Displacement." *Journal of Broadcasting & Electronic Media*, Vol. 44, No. 3, pp. 329~348.

Van der Voort, T. H. A., P. Nikken and J. E. Van Lil. 1992. "Determinants of parental guidance of children's television viewing." *Journal of*

Broadcasting & Electronic Media, Vol. 36, pp. 61~74.

Van Rompaey, V., and K. Roe. 2001. "The home as a multimedia environment: families' conception of space and the introduction of information and communication technologies in the home." *Communications. The European Journal of Communication Research*, Vol. 24, pp. 341~352.

Warren, R. 2005. "Parental Mediation of Children's Television Viewing in Low-Income Families." *Journal of Communication*, December 2005, pp. 847~863.

Wartella, E. and N. Jennings. 2001. "New Members of the Family: The Digital Revolution in the Home." *Journal of Family Communication*, Vol. 1, No. 1, pp. 59~69.

제6장 청소년 미디어 문화와 인터넷 중독

설진아 (한국방송통신대학교 미디어영상학과 부교수)

1. 인터넷 커뮤니케이션과 청소년 문화

인터넷은 커뮤니케이션 과정에서 전통적 미디어가 갖고 있던 시·공간적 제약을 탈피함으로써 인간의 지적 활동 영역을 확장시키는 데 기여했다. 특히 한국 사회에서 인터넷은 이용자 수가 크게 늘어남에 따라 사회 주요 이슈에 대한 의견 표현의 장으로서 혹은 민주사회의 공론장으로서 다양한 기능을 수행하며, 인터넷 이용자가 사이버 공간에서 새로운 형태의 참여와 공유를 경험할 수 있게 했다. 실제로 다양한 배경과 특성을 지닌 사람들이 인터넷을 통해 정보와 지식을 공유하고 새로운 생활양식을 창출하면서 한국 사회가 정보 사회로 진일보하는 데 기여하고 있다. 그들은 또한 자신의 취향과 목적에 따라 사이버상의 다양한 오락과 교제를 추구하기도 하며, 일부 사람들은 외로움에서 벗어나고자 인터넷 공간을 안식처로 활용하기

---

* 이 장의 일부 내용은 한국여성커뮤니케이션학회의 '가족과 디지털 미디어' 세미나(2008. 10)에서 발표한 「청소년 미디어 문화와 인터넷 중독」을 토대로 작성했다.

도 한다.

정보 사회에서 인터넷은 특히 청소년들에게 정보와 오락의 매체 그 이상이며, 현실세계에 대한 이해를 돕는 창구로서 역할을 수행하고 있다. 특히 인터넷의 탄생과 함께 성장한 청소년층은 기존의 다른 매체보다 인터넷에 대한 의존도와 신뢰도가 높은 편이다. 청소년들은 인터넷의 긍정적 측면과 부정적 측면을 모두 쉽게 흡수하는 경향이 있으며, 매체를 통해 자신을 표현하는 능력이 갈수록 향상되고 있다. 또한 청소년들은 자신들의 감정을 표출하는 일종의 가상 생활공간으로서 인터넷을 이용한다(백승문, 2002). 인터넷은 청소년들에게 하나의 생활양식(lifestyle)으로서 자리 잡은 지 오래되었으며 청소년 문화를 형성하는 데 주요 매개체로 간주된다.

청소년 문화에 대한 정의는 문화에 대한 시각과 입장에 따라 그 정의가 다양하다. 또한 청소년기를 구분하는 정의 역시 신체적·심리적 구분, 사회적 역할에 따른 구분, 법률적인 구분 등에 따라 차이가 있다. 청소년법은 입법 취지에 따라 '청소년'을 법률적으로 구분하고 있지만, 법률적 구분의 문제점은 개인이 발달 단계에서 경험하는 사회적·신체적·심리적 변화가 사람마다 각기 다르다는 점이다.

청소년기에는 자기중심성(egocentrism)과 자기우화(personal fable)의 특성을 갖게 되고, 이성 의식에 대한 변화 과정을 거친다. 독립적 존재로서 자신을 의식하게 되고, 부모로부터 심리적 독립을 이루고 싶어 하는 모습도 흔히 목격할 수 있다. 동시에 청소년은 새로운 특권을 즐기려 하면서도 그에 수반되는 책임을 회피하려는 양가적 감정을 갖는 경향이 있다. 이밖에도 청소년기에는 신체 성장과 성적인 변화로 에너지 소모가 증가되어 쉽게 피로감을 느끼고 게을러지며 우울증, 불안, 짜증 등이 별다른 이유 없이 나타나기도 하여 사회적 충돌을 자주 야기한다. 즉,

신체적 피곤과 정서적 불안정으로 사람과의 관계를 피하거나 혐오하기도 하며, 자아의식이 강화되어 사람과의 대면에서 무비판적 수용보다는 비판하고 항거하려 하며 권위에 반항하기도 한다. 성적인 변화는 청소년의 성격 및 사회성 발달에 영향을 미치기도 하는데, 이 시기의 발달과업은 자기조절과 동료와의 동일시, 자아의 재체제화, 사회적 민감성 등을 키우며 집단정체감을 갖는 것 등이다(노용오, 2005: 20~30).

생물학적·심리적·행동적·사회적 차원에서 나타나는 청소년기의 특성은 청소년 문화에도 잘 반영되고 있다. 즉, '청소년 문화'가 '청소년들이 주체가 되어 경험하는 문화적 생산과 향유, 그리고 결과'라고 할 때, 그들의 삶을 구성하고 의미를 주는 사회적 경험과 일상적 교류에서 청소년기의 특성들이 그대로 표출되고 있는 것이다. 문화를 '일상적인 삶의 방식'으로 간주할 때(Williams, 1985), '청소년 문화'는 청소년들이 공유하고 있는 청소년 세대 특유의 삶의 방식으로서 청소년 집단 간에 상호 유기적으로 공유되며 변화 가능한 것이 특징이다. 청소년들은 명시적·잠재적인 사회화를 통해 전수되는 청소년 세대의 행동방식과 정신적 지표로 젊음을 풍기는 영상, 그들 고유의 언어를 통해 청소년 문화를 형성해간다.

청소년 문화를 바라보는 관점으로는 발달심리학적 관점에서 어른들의 보호와 지도를 받아야 한다는 '미숙한 문화'로서 바라보는 견해와 청소년 문화를 전혀 새롭게 독립적인 영역을 지닌 '또 하나의 문화'로 보는 상반된 시각이 있다.

전자는 '청소년들이 만들어내는 삶의 양식은 정신적으로 좀 더 성숙되어야 하고 보호받아야 하며 책임 추궁에서도 지나치지 말아야 한다'는 입장이다. 즉, 보호주의적 관점에서의 '미숙한 문화'나 청소년들이 사회적 규범에서 벗어나고자 하는 '일탈적 문화'로 보는 견해이다. 이와는 반대로 청소년 문화를 '또 하나의 문화'로 주장하는 시각은 사회의 생동적 발전을 위해 청소년 문화가 필수적인 새로운 하위문화로, 새로운 세대는 그들 나름의 새로운 문화를 창조하고 형성하며 살아간다는 관점이다. 세대가 바뀌어감에 따라 사회의 핵심적인 문화 요소인 가치와 규범, 상징과 언어, 이데올로기 등은 존속하지만 새로운 문화요소가 변화를 가져오고 사회 발전을 이끌게 되는데, 이때 청소년 문화가 활력소로서 중요하다(박진규, 2003; 김미윤, 2003).

이러한 청소년 문화에 대한 관점은 문화권에 따라 청소년의 심리적 특성이 다르거나 시대에 따라 청소년기와 성인기를 구분하는 시기가 다를 수 있다. 하지만 특정 사회의 하위문화의 하나로서 청소년 문화는 새로운 문화를 생산하고 소비하는 주체가 청소년이라는 점에서 주목할 만하다. 특히 청소년은 미디어와 테크놀로지를 바탕으로 한 정보화 사회의 주체적 선도자로서, 기성세대들보다 적응력이 높다는 점을 인식할 필요가 있다.

오늘날의 청소년 문화는 '청소년 미디어 문화'라고 해도 과언이 아닐 것이다. 이제 청소년의 일상에서 미디어를 제외하고 그들의 문화를 논하기 어렵게 되었기 때문이다. 2000년대 이후 인터넷을 비롯한 디지털 미디어의 대중화는 청소년 세대의 문화를 변화시켰다. 특히 10대는 휴대전화와 인터넷의 발달, 그리고 네트워크의 확산을 가장 적극적으로 수용한 집단이기도 하다. 사이버 공간에서 청소년들은 그들만의 언어를 사용할 뿐만 아니라 디지털 매체를 넘나들며 이전에 비해 거리낌 없이 자신의 신념을 드러내고 특정 집단에 공개적으로 소속되기도 하며, 자신들만의 문화를 형성해간다.

청소년들은 일상생활에서 대인 혹은 사회 커뮤니케이션의 상당한 부분을 차지하는 매체로 인터넷과 휴대전화를 선택한다. 그러나 역설적으로 휴대전화와 인터넷은 청소년들이 미디어에 중독될 수 있는 가장 큰 원인을 제공하는 디지털 매체로 간주되며, 더 나아가 사이버 폭력(cyber bullying)이나 사이버 범죄의 위험에 쉽게 노출시키고 있다. 청소년 미디어 문화에서 디지털 매체가 차지하는 비중이 커짐에 따라 이로 인한 역기능적인 폐해도 늘어날 가능성이 크다.

2. 청소년 디지털 미디어 문화

정보 사회의 청소년은 과거의 청소년보다 매체 사용이 자유롭고 독립적이며 개인주의적인 성향이 강하다. 매체 사용에 대한 청소년의 효능감이 증진되면서 어른의 권위가 떨어졌다는 비판도 종종 제기된다. 이러한 비판은 매체기술의 발전에 따른 컴퓨터와 인터넷의 보편화가 새로운 문명기기에 익숙하지 않은 어른들에게는 열등감을 느끼게 하고, 상대적으로 청소년들은 우월감을 경험하게 했다는 주장과 일맥상통한다. 예를 들면, MP3와 휴대전화를 비롯한 디지털 미디어 기기 역시 청소년들의 적응력과 사용능력은 부모 세대를 훨씬 앞서고 있다. 그뿐만 아니라 매체 자체가 세대간의 소통 단절을 초래하는 기이한 상황을 야기함으로써 인터넷과 모바일 환경이 청소년의 삶을 더욱 지배하는 경향이 있다.

디지털 미디어는 청소년에게 정보 습득과 상호 교류를 위한 수단일 뿐아니라 그들만의 사고방식, 행동양식, 취향을 표현하는 문화 매개체로서 기능한다. 상당수의 청소년들은 이제 휴대전화를 자신의 분신처럼 여기며 동일시하여 디자인 선택에 신경을 쓰고 개성 있게 장식한다. 이러한 양상은 청소년의 타인 혹은 다른 세대와의 차별화 및 정체성 추구의 욕구를 반영하는 것이기도 하다. 더 나아가 휴대전화는 청소년에게 시간과 공간의 제약을 넘어서 친구관계를 맺어주는 끈의 역할을 제공한다(노용오, 2005: 61). 실제로 한국 10대의 경우, 하루 휴대전화 사용 시간 및 문자메시지 발신 및 수신 건수 등에서 휴대전화에 대한 의존율이 타 연령층에 비해 매우 높은

<표 6-1> 연령별 휴대전화 이용 실태

구분	10대	20대	30대	종합(평균)
이동전화 이용량(분)	92.02	49.43	37.75	56.34
문자메시지 발신(건)	59.82	27.27	6.76	30.49
문자메시지 수신(건)	61.60	27.26	8.05	30.94

자료: 한국정보문화진흥원(2006) 자료 재인용; 고영삼(2007: 2).

편이다. 10대는 하루 평균 92분 동안 휴대전화를 사용하고 있으며, 문자메시지의 발신 및 수신 건수는 120건에 달함으로써 30대의 15건에 비해 여덟 배가 넘는다(<표 6-1> 참조). 조사 결과 휴대전화에 중독된 청소년도 10.1%로 성인(4.1%)의 두 배가 넘는 것으로 나타났다(한국정보문화진흥원, 2007). 이러한 결과는 성인보다 청소년층이 휴대전화와 같은 디지털 미디어의 중독에 더 취약함을 시사한다.

　　정보 사회에서 청소년 디지털 미디어 문화의 특성은 포스트모던적인 분열 현상(post-modern fragmentation)과 위험사회(risk society), 세계화(globalization)의 화두로 압축된다(Giddens, 1991). 다양한 디지털 매체의 등장으로 청소년은 과거보다 자신의 능력을 발현할 가능성이 많아진 듯 보이지만, 사실상 대부분의 디지털 미디어 사용은 소비문화와 연계되면서 대량 생산되는 이미지를 소비하는 파편화된 개별화 현상을 겪고 있다. 즉, 하위문화로서 공동기반을 상실한 청소년들은 휴대전화, 인터넷과 같은 디지털 매체의 사용으로 풍요로운 선택의 기회를 획득한 것 같지만, 다른 한편으로는 집단적 결속력 상실에 따른 심리적 불안과 공허감을 갖게 된다. 이러한 상황에서 청소년들은 심리적 불안감의 해소와 자신의 정체성 추구를 위해 미디어를 과소비하는 경향이 있다.

　　디지털 미디어 문화는 또한 '공포의 문화(culture of fear)'를 조성함으로써

164

리스크(risk)가 큰 사회에 대한 인식을 확산시킨다. 여기서 리스크가 큰 사회란 개인의 행위 과정이 무제한의 잠재 가능성을 가짐으로 인해 자기회의(self-doubt)와 불안(anxiety)의 상태에 직면하게 되는 상황을 의미한다. 즉, 사회 자체가 예전보다 더 불안정하고 위험하다기보다는 위험을 예측함으로써 발생하는 불안감이 '공포의 문화'를 만들어내는 것이다. 또한 이로 인해 각 개인들은 불안감을 덜어내기 위한 수단으로 미디어를 통해 특정한 라이프스타일을 만들어내는 것이다(Giddens, 1991).

디지털 미디어 문화의 세계화 현상 역시 시간과 공간의 압축성으로 인해 사람들의 생활양식과 표현양식이 상호 영향을 주거나 의존적으로 연계되는 현상을 의미한다. 특히 글로벌 자본주의에 의한 경제적 세계화는 지역 국가의 문화산업에까지 확장되어 청소년들의 삶에 소비주의를 조장하고, 획일화된 글로벌 청소년 문화(global youth culture)를 양산하는 데 영향을 미친다. 글로벌 청소년 문화는 글로벌 매스미디어가 만들어낸 문화 산물이기도 하다. 할리우드의 대형 영화나 뮤지컬, 도서, 음반, 텔레비전 프로그램과 뮤직비디오, UGC(user generated contents)는 이제 더 이상 특정 국가의 수용자들을 대상으로 한 문화 산물이 아니다. 유튜브(YouTube)의 경우는 하루 방문자 수가 약 1억 명으로 추산되며, 개인 동영상 시장의 27% 정도를 차지하고 있다(노웅기·윤용익, 2007). 이처럼 문화상품들은 생산 단계부터 탈지역적이고 세계화되는 양상을 보인다. 특히 인터넷을 통해 공유되고 유통되는 세계의 문화 콘텐츠는 전 세계 청소년들의 삶과 경험에 개별화(individualization)라는 과정을 거쳐 확산되고 있다.

청소년들은 그들의 삶이 집단적 제약에서 벗어나길 원하며, 개별적으로 의미 있는 문화 경험을 선택하고 소비하고자 한다. 그들은 과거의 청소년들보다 좀 더 자립적이고 자기 결정적이며, 자아실현에 대한 갈망을 갖는다. 그러나 이러한 개별화 현상 이면에는 사회적 위험요소들이 존재하기 때문에 청소년들은 더욱 고립되거나 고립에 대한 두려움과 공포, 심리적 불안감에 휩싸이기 쉽다. 즉, 청소년들은 공식적 또래 집단이나 하위문화의 지지와 동조, 연대를 기대하기 어려워졌다. 이에 따라 청소년들은 스스로 상황에 대한 판단을 내려야 하며 책임과 비난도 스스로 감당해야 하는데, 그러다 보면 예상치 못한 심리적 함정에 빠질 수도 있다(노용오, 2005).

인터넷상의 팬덤(fandom)과 팬픽(fanfic), 아바타와 같은 캐릭터의 사용 역시 청소년 문화 차원에서 주목할 필요가 있다. 팬덤이란 과거의 '오빠부대', '팬클럽'의 모임이 점차 조직화되고 권력화되는 현상으로 온라인 혹은 오프라인상으로 특정 스타를 추종하면서 뭉쳐진 팬들끼리의 문화를 의미한다. 팬픽은 'fan-fiction'의 줄임말로 발표된 작품의 캐릭터나 설정, 세계관을 사용해 재구성한 작품이다. 주로 만화, 소설, TV, 영화, 게임 등 대중적 인기를 끈 작품을 토대로 팬이 직접 자신이 원하는 방향으로 줄거리를 패러디하거나 전혀 다른 내용으로 전개해 나가는 2차 창작물이다. 팬덤이나 팬픽은 인터넷을 통해 스타와 문화 콘텐츠에 대한 관심이 빠르고 솔직하게 드러나면서 형성된 새로운 생활양식으로, 특히 청소년들의 취향과 가치관을 내포한다. 아바타 역시 사이버 공간에서 자신을 투사시킬 수 있는 가상 육체를 특정 캐릭터로 설정해서 그것을 꾸미고 포장하며 키우는 활동을 통해 자신의 이미지를 개성 있게 표현하는 사이버 분신이라고 볼 수 있다.

그러나 이러한 활동들은 대부분이 자본주의 상업시장과 마케팅 전략, 청소년의 소비 활동과 밀접하게 연관된다. 즉, 팬덤과 팬픽, 아바타, 모바일 등은 모두 상업적인 스타 시스템과 캐릭터 산업, 이동통신 산업, 제과업계 등 관련된 산업의 마케팅 전략과 연계되어 청소년의 소비 활동을 조장한다(노용오, 2005: 62~63). 특히 청소년들의 각종 미디어 관련 문화 활동은 가족의 합의나 대화를 통해 선택되는 것이 아니라 개인의 취향과 욕구에 따라 개별적으로 취사선택되고 소비되는 경향이 있다. 따라서 디지털 미디어 시대에 청소년 미디어 문화를 이해하기 위해서는 그들이 생산하고 향유하는 문화 활동이나 생활양식의 특성을 먼저 이해하는 것이 중요하다.

과거에 비해 청소년들은 비교적 자율적 선택과 결정의 폭이 넓어졌고, 구매력은 증가했으며, 자유로운 여가생활과 금전소비가 이뤄진 부분도 없지 않다. 그러나 실제 객관적 현실에서 청소년들은 여전히 집단의 구속을 받고(Furlong and Cartmel, 1997), 경제적으로 성인에게 의존해야 할 시기가 길어졌으며, 소비문화로 인해 더욱 고립되거나 사회 영역에서 도피하게 되는 현상도 나타난다. 또 다른 디지털 문화의 부정적 양상은 청소년들의 취향과 창의성도 매스미디어의 영향을 받아 상업주의와 타협하게 된다는 점이다. 디지털 미디어가 창출하는 다양한 드라마와 광고, 오락 프로그램들은 기본적으로 소비주의를 조장하고 물질 만능주의의 가치관과 자극적이고 말초적인 쾌락주의를 조장할 위험 요소를 내포하고 있다.

물론 청소년들이 향유하는 디지털 미디어 문화에서 긍정적 측면이 없는 것은 아니다. 정보화 사회에서 디지털 영상매체는 감각과 감성에 호소하는 매체로서 감성적 인간관에 기초한 새로운 영상문화를 등장시키는 데 기여했다. 특히 인터넷은 창의적인 영상문화를 형성하는 동영상매체로서도 주목할 수 있다. 영상매체는 무엇보다 의사소통의 내용을 시각적 영상으로 전환해 상호 소통하므로 전달하고자 하는 메시지가 더욱 분명해진다. 또한 영상매체는 시각과 청각적 요소를 모두 내포하기 때문에 상징적 부호를 종합적으로 사용해 자신을 표현하게 한다. 더 나아가 청소년들은 인터넷상에 UCC 같은 동영상을 제공함으로써 전 세계 인터넷 이용자로부터 즉각적인 피드백을 제공받고 상호 교류할 수 있다. 또 다른 측면에서 청소년들은 페이스북(Facebook)이나 마이 스페이스(My Space)와 같은 소셜 네트워크 사이트를 이용해, 개별화된 메시지를 개별화된 이용자만 송수신할 수 있게 함으로써 시공간을 초월해서 비동시적인 정보 전달 시스템을 향유하기도 한다.

주목할 현상은 청소년들이 디지털 영상매체를 매우 친숙한 매체이자 신뢰하는 매체로 인식하고 있다는 점이다. 그 배경에는 청소년들이 어린 시절부터 컬러텔레비전과 컴퓨터, 비디오 게임 등 영상문화를 접하며 성장한 세대로서 뮤직비디오나 애니메이션, 비디오, 영화와 같은 다양한 영상매체와 매우 밀접한 생활을 하고 있기 때문이다. 이성적 판단 능력이 부족한 청소년들은 영화와 TV, 비디오, 컴퓨터 등에 무차별하게 나오는 화면을 통해 잘못된 정보를 접하거나 영상 속의 허상을 사실로 수용할 가능성이 높다. 청소년들은 인터넷을 이용해 정보를 검색할 때 상업적으로 제공되는 다양한 유해 사이트에 쉽게 노출되기도 한다.

청소년 디지털 미디어 문화와 연관해 인터넷 영상 콘텐츠의 위험성은 단순한 음란성 정보에 노출되는 것 이상의 문제를 내포하고 있다. 즉, 인터넷의 동영상은 영상매체 고유의 복제력과 파급력을 활용하여 사회와 성에 대한 잘못된 가치관을 확산시킬 수 있으며, 사적인 정보를 쉽게 입수하고 복제해 배포함으로써 사생활 침해의 문제를 야기할 수 있다. 또한 영상물 중독 현상인 비디쿠스 신드롬, 컴퓨터의 가상공간에 빠져버리는 웹중독 환자(webholic, netholic) 또는 인터넷 중독증 환자(Internet Addiction Disorder: LAD) 등이 양산되어 비인간화된 전자 영상매체 속에 함몰되는 인간 소외현상을 초래할 수 있다(노용오, 2005: 104~105).

이처럼 디지털 영상매체나 인터넷을 통해 접하는 청소년 문화는 개별화 과정을 거쳐서 감수성이 예민한 청소년들의 삶에 직·간접적으로 많은 영향을 미치고 있다. 인터넷상에 떠다니는 많은 유해한 동영상 콘텐츠는 실제로 그 실태를 다 파악하기가 힘들며, 이러한 유해 콘텐츠를 일일이 다 규제하기는 더더욱 불가능하다. 그뿐만 아니라 디지털 콘텐츠는 시공간을 초월해 빠른 시간 내에 전 세계로 유통되고 있으며, 블로그나 이메일, UCC 형식을 통해 계속해서 확대 재생산된다. 인터넷에서 사회적 화제나 토픽을 다룬

UCC 동영상이 선정적이거나 폭력적일수록 조회 수가 높다는 것은 이미 상식이 되어버렸다. 따라서 만일 이러한 콘텐츠만 찾아다니며 감성을 끊임없이 자극받기를 즐기는 청소년이 있다면, 이미 그는 인터넷 중독의 가능성을 의심해봐야 할 것이다.

3. 사이버 공간의 특성과 청소년의 인터넷 중독

사이버 공간은 시공간을 초월해 네트워크를 바탕으로 한 폭넓은 간접 경험과 상호 작용을 하는 대안적 공간이다. 인터넷 중독과 관련된 문제를 다루는 데 청소년들의 사이버 공간에서의 경험을 살펴보는 일은 중요하다. 청소년들은 사이버 공간에서 웹사이트를 중심으로 다양한 주제와 형식의 콘텐츠를 생산하거나 유통시키고 있으며, 웹사이트는 수시로 생성되거나 소멸되는 특성을 갖는다. 청소년들이 주로 이용하는 웹사이트 유형은 게임, 음악·영화·만화 감상, 이메일의 순으로 남학생들은 게임을, 여학생들을 채팅을 여가시간에 더 많이 사용하는 것으로 알려졌다.

인터넷은 사이버 공간을 통해 청소년들의 정서적 교류와 소통 욕구를 충족시켜준다. 대다수 청소년들은 사이버 공간에서 다양한 사람들과의 만남을 통해 정서적 안정과 해방감을 얻으며 단조로운 삶에서 벗어나 새로운 만남이 있는 사이버 공간에 빠지는 경향이 있다. 그들에게 사이버 공간은 별도로 존재하는 특별한 공간이 아니라 일상에서 자리 잡은 편안하고 친밀한 공간이다(노용오, 2005: 81). 긍정적인 측면에서 사이버 공간은 정보 습득과 신속한 의견 교류의 장이라는 장점이 있다. 반면에 현실세계에서 발생하는 수많은 범죄들이 사이버 공간에도 반영될 수 있다는 게 문제이다. 특히 인터넷 사용 인구가 증가하면서 인터넷과 관련된 위험행동이나 비행을 저지르는 청소년 수가 급격히 증가하고 있을 뿐만 아니라 그 유형도 다양화되고 있다(경찰청, 2000).

한편 인터넷을 사용하는 청소년들의 수가 급증하면서 청소년들의 인터넷 중독 현상은 점차 늘고 있는 추세이다. 한국정보문화진흥원의 2006년 조사에 따르면, 한국의 청소년 인터넷 중독률은 고위험자와 잠재 위험자를 합해 14%인 것으로 나타났다. 여기서 고위험자는 인터넷 사용으로 인해 일상생활에 심각한 장애를 보이는 단계의 사람들로, 이들은 현실세계와 사이버 공간을 구분하지 못할 뿐만 아니라 현실 생활의 도덕과 질서에 대한 정상적인 감각을 유지하지 못한다. 잠재 위험자는 고위험자보다는 증상이 약하지만 심리적 불안정감이 높고 인터넷 사용에 과도하게 집착하는 상태의 사람들이다. 인터넷 사용 시간은 중독과 반드시 비례하는 것은 아니지만 중고생의 경우 하루 4시간 이상, 초등학생의 경우 3시간 이상 인터넷을 사용하면 고위험자로 간주할 수도 있다(고영삼, 2007: 2~3).

인터넷 중독은 인터넷이 주는 풍부한 전자적 즐거움에 모든 감각이 지속적으로 자극되는 현상이라고 볼 수 있다(Young, 2000). 2007년에 실시한 한국정보문화진흥원의 인터넷 중독의 특성 분석 연구에서 청소년들은 게임 56.5%, 영화·음악·동영상 즐기기 52.3%, 채팅·메신저의 사용 46.2%, 정보 검색 40.1% 순이었다(복수응답). 인터넷을 많이 사용하는 고위험군의 경우 1회 접속 시간은 약 5시간 이상이며, PC방의 사용률도 높았다. 또한 그들은 게임을 통해 자신을 표현하거나 성취(레벨업)하는 영역에서 높은 동기를 보였다. 이러한 결과는 인터넷 중독이 게임을 통해서 상위 레벨에 도달한 경우 그만큼 또래들 사이에서 인정받고 자신감을 갖게 되기 때문일 수 있음을 시사한다. 한국형 인터넷 중독 진단 척도에 따르면, 한국은 청소년 중독자의 경우 고등학생이 제일 많고, 그 다음으로 중학생, 초등학생 순인 것으로 나타났다(고영삼·엄나래, 2007).

인터넷 중독증은 인터넷에 탐닉해 현실세계와 가상공간을 혼동함으로써

초래되는 정신질환을 가리킨다(김진희 외, 2003). 정신과 의사인 골드버그
(Goldberg, 1996)는 인터넷 중독 질환(Internet addiction disorder)이라는 병명을 사
용해 진단 기준을 마련하기도 했다. 인터넷 중독은 인터넷 중독 장애(Internet
addiction disorder: IAD), 인터넷 증후군(Internet syndrome), 웨바홀리즘(Webaholism)
등으로 불리기도 한다. 일반적으로 인터넷에 중독되면 모두 인터넷의 과다
한 사용으로 현실 생활에 지장을 받을 정도의 신체적·정신적 이상 현상을
경험하게 되는 것이다(이봉건, 1999). 그러나 최근 미국의학협회(America Medical
Association: AMA)에서는 인터넷 중독을 정신 질환으로 간주하는 것을 유보한
다고 공표한 바 있다. 또한 아직까지는 학문적으로 인터넷 중독의 개념이
명확하게 정립되지 않았다는 의견도 있다(고영삼, 2007).

일반적으로 '인터넷 중독'이란 지나치게 많은 시간을 인터넷에 할애함으
로써 대인관계를 현실에서보다 주로 사이버 공간에서 가지거나, 사이버
상의 도박, 상거래, 정보 수집이 과도한 경우 등 사이버상의 다양한 행동
양상을 가지는 충동 조절의 장애를 가리킨다(김병구, 2008). 인터넷에 중독
된 사람들은 컴퓨터를 한동안 사용하지 않으면 불안하고 초조하며 답답함
등을 느끼고, 어떤 일로 불쾌한 감정을 느낄 때에도 인터넷을 찾게 되며,
사용하지 않는 시간에도 인터넷을 하고 싶다는 생각만 하게 된다.

또 다른 증상으로는 인터넷상에서 뭔가 새로운 일이 일어나고 있을 것만
같은 생각을 하게 되고, 대부분의 시간을 컴퓨터를 사용하는 데 보내는
강박과 집착이 있다. 인터넷에 중독된 청소년들은 점점 더 많은 시간을
인터넷 사용으로 보내고 더 자극적인 것을 찾으며, 컴퓨터를 끄고 빠져나오
기 힘들어 처음에 의도했던 시간보다 더 오래 하게 되는 내성 증상을 갖게
된다. 인터넷을 하지 않을 때는 이메일이 와 있을 것 같은 불안감이 들다가
모니터 앞에 앉는 순간 긴장이 해소되고 안도감을 느낀다. 따라서 인터넷에
한 번 들어가면 그만두기가 어려워지는 금단 증상도 대표적인 인터넷 중독

의 증상이라고 볼 수 있다(박경호, 2003).

'인터넷 과다 사용', '인터넷 의존', '인터넷 남용'과 혼용되어 사용되는 인터넷 중독은 인터넷 사용에 대한 심리적 의존이 증가함에 따라 육체적·정신적·사회적으로 일상생활에 심각한 지장을 초래하는 상태이다. 인터넷 중독의 대표적인 특징은 가족 간의 대화와 타인과의 접촉이 감소되고 이로 인해 중독자는 고독감을 경험하는 것이다. 또한 인터넷 중독자의 경우 일반적으로 우울함을 자주 느끼는 것으로 나타났으며, 인터넷에 중독된 청소년들은 비중독자들에 비해 다양한 심리적 부적응 양상을 보였다(Young, 1997).

국내 연구 결과에서도 인터넷에 중독된 청소년들은 자아존중감이 낮고 자아불안감은 높으며, 권태감을 많이 느끼고 충동적인 성향을 가진 것으로 나타났다(김종법, 2000; 정기선, 2000; 양희정, 2001; 김진회 외, 2003). 이러한 증상은 더 나아가 심리적 장애와 결합해 거짓말과 절도를 유발하기도 하고 무단 조퇴와 결석, 퇴학으로 이어지는 학교 부적응 현상과 가족과의 소통 단절을 통해 가족의 위기를 가져오는 경우도 있다.

한편 청소년들을 대상으로 인터넷 중독의 특성을 분석한 연구 결과, 기존의 연구들이 제시했던 인터넷 사용 시간보다는 개인의 인터넷 사용 동기가 역기능을 예측하는 더욱 직접적인 변수로 나타났다(김경구 외, 2008). 인터넷을 많이 사용하는 청소년들은 부모와의 의사소통에서 일반 사용자보다 개방적이지 못하고 기능적 의사소통 빈도도 낮게 나타났다. 아울러 심리 정서적 문제의 경우 인터넷 사용 정도가 높은 집단일수록 공격성, 주의산만, 품행문제가 높은 것으로 나타났다. 인터넷 중독에 이르는 경로를 분석한 결과, 어린이와 청소년의 경우 모두 부모와의 의사소통상의 심리적 문제나 대화가 부족하면 인터넷 중독에 빠지는 경향이 있었다.

어린이의 인터넷 이용 실태에 관한 연구 조사에서도 가족 내 대화 패턴과 인터넷 이용은 상관성이 높은 것으로 나타났다. 가족 간의 대화 패턴이 평등한 가정의 어린이들이 인터넷 카페 가입률이 더 낮았고 채팅 경험도 더 적었다. 이는 부모와 자녀 사이가 평등한 가정에서는 부모와 자녀가 함께하는 활동이 많고, 그에 따라 인터넷을 사용하는 시간이 줄어들 수밖에 없기 때문이다. 또한 평등 대화형 가정의 어린이들은 자기 방에서 컴퓨터를 더 많이 접할 환경이 되었으나 실제로는 더 적은 시간을 사용하고 있었고, 숙제나 과제를 위해 컴퓨터를 사용하는 경우가 더 많았다(박소라·윤성옥·양지윤, 2004: 170).

인터넷은 이미 어린이들에게 매우 일상적인 매체가 되었으며, 어린이들은 심심할 때 텔레비전보다 컴퓨터를 더 이용하고, 꼭 필요한 매체로 컴퓨터와 인터넷을 선택하는 경향이 있다. 인터넷을 이용하는 시기도 점차 빨라지고 있는데 조사 대상 어린이들은 고학년의 경우 초등학교 1학년 이후부터, 저학년은 초등학교 입학 이전부터 인터넷을 시작한 것으로 나타났다. 어린이들은 컴퓨터를 복합매체로서 인식하고 있을 뿐만 아니라 사용하는 사이트도 어린이 전용 사이트보다는 게임, 정보, 음악, 뉴스 등 복합적 기능을 가진 일반 포털 사이트를 더 자주 이용하고 있었다. 이러한 어린이들의 인터넷에 대한 인식과 포털 사용은 성장기를 거치면서 더욱 인터넷 사용량이 증대되고, 성인 유해 사이트에 노출될 가능성이 높으며, 인터넷 중독에 빠질 확률이 커질 수 있음을 시사한다. 실제로 어린이들은 인터넷을 이용할 때 가장 힘든 점으로 자신들이 무방비 상태로 있는 인터넷 음란 사이트 같은 유해 사이트의 노출을 지적했다(박소라 외, 2004: 181).

온라인 중독의 원인을 살펴보면, 근본적으로 의사소통의 장애가 있거나(Walter, 2000), 지나친 각성 상태를 추구하는 장애를 들 수 있다(Wellman, 1996). 인터넷은 현실세계에서 의사소통의 비효율성 혹은 실패를 경험하는 사람들에게 중요한 보상수단의 하나로 작용한다. 예를 들어 이메일, 채팅, 게시판 글 올리기와 같은 인터넷 사용은 의사소통의 한 방법이고, 이에 중독되는 것은 비현실적 의사소통 방법에 의존하는 것이라고 볼 수 있다.

인터넷을 통한 대인관계는 익명성으로 인해 정체가 잘 드러나지 않기 때문에 자신의 감정을 실어서 마음대로 표현할 수 있다는 점이 중독적 행동을 유발하는 중요한 요인이 된다(King, 1995에서 재인용; 김현수, 2000). 인터넷은 대체로 인간관계의 폭을 넓혀주기도 하고 다양한 관계를 가능하게 하는데, 사회적·정서적으로 자존감이 낮은 사람들이 인터넷 중독에 빠져드는 경향이 높다. 또한 자신의 정체성에 불만이 있거나 관음증적인 행태 혹은 노출증의 변형으로 중독 현상이 나타나기도 한다. 인터넷 세계에서는 자신을 드러내지 않고도 타인을 관찰하거나 채팅방에서 남들이 이야기하는 것을 엿볼 수도 있으며, 반대로 공격적인 언어나 공격적 행위를 통해 인터넷 안에서 감정을 분출하는 노출증적 요소를 표현하기도 한다. 그러나 흔히 추측하듯이 내성적인 사람만이 인터넷에 중독되는 것은 아니며, 남녀의 차이는 없지만 중독 양상은 다르게 나타나는 경향이 있다(김현수, 2000: 336~337).

앞에서 열거한 인터넷 중독의 특성은 어린이와 청소년, 성인에 이르기까지 사이버 공간에서 향유할 수 있는 다양한 유인 요소들에 기인한다고 볼 수 있다. 즉, 대다수의 인터넷 이용자들이 정보와 오락을 추구하는 목적에서 인터넷에 접속한다고 해도 개방, 참여, 공유의 특성을 가진 인터넷 자체의 속성으로 인해 시간과 공간을 초월하는 다양한 경험과 상호 작용을 즐길 수 있는 것이다. 특히 현실에서 학업으로 인한 과도한 스트레스를 받는 청소년들이나, 부모와의 대화가 부족하고 자존감이 낮거나 인간관계에 어려움을 느끼는 어린이들의 경우 익명성이 주는 해방감을 통해 전혀 다른 모습의 사이버 자아를 창출할 수 있다. 또한 가상공간에서 만난 친구들과 수시로 상호 작용함으로써 맺어진 휴먼 네트워크 안에서 인정이나 위로를 받고 생활의 활력을 만끽할 수 있게 된다.

이러한 차원에서 인터넷은 서서히 빠져드는 늪과 같은 속성을 갖고 있다. 특히 인터넷을 통한 채팅 중독이나 게임 중독은 흥미진진하지만 마치 '결론 없는 책'을 계속해서 붙잡고 있는 것처럼, 동일한 사이트에 참여한 사람들 간의 적극적인 쌍방향 교류로 인해 현실의 시간을 쉽게 망각하게 되는 것이다. 따라서 인터넷을 사용할 때는 아무도 시간을 재거나 알려주지 않기 때문에 시간이 멈춘 것 같은 현실의 왜곡현상이 일어나기가 쉽다.

4. 온라인 게임의 특성과 게임 중독 속성

한국의 온라인 게임을 사용하고 있는 전 세계 인구는 1억 명이 넘는다. 그뿐만 아니라 현재 한국의 온라인 게임은 세계 시장에서 약 23.%의 점유율로 1위를 차지하고 있다. 한국게임산업개발원(2008)에 따르면 만 9세부터 49세까지 일반인을 대상으로 여가 시간에 주로 하는 활동을 조사한 결과, 2007년 조사에서는 TV 시청이 가장 높았으나 2008년도에는 게임의 비율이 26%로 가장 높았다. 응답자 중 약 67%(2007년 53%)가 현재 게임을 이용하고 있는 것으로 나타났으며, 게임 이용자들은 하루 평균 72.4분(2007년 79.4분) 정도 게임을 하고 있는 것으로 조사되었다. 남성의 경우 게임을 처음 접한 연령은 평균 13.6세였고, 여성은 15.3세로 남성보다 약간 높았다. 그리고 주로 이용하는 게임 플랫폼은 온라인 게임이 69%(2007년 77%)로 가장 많았으며, 선호하는 게임 장르는 롤플레잉(26%), 웹보드(15%)의 순으로 나타났다(한국게임산업진흥원, 2008).

온라인 게임은 전 세계에서 몇 십만 명의 사람들이 리얼타임으로 함께 즐길 수 있는 쌍방향 거대 게임 이다. 또한 브로드밴드를 사용하고 있기 때문에 채팅도 가능하다. 게임 속에는 가상의 현실세계가 있어 그 안에서의 생활과 모험을 마치 내가 직접 겪는 것처럼 유사체험도 할 수 있다(무타 다케오, 2006: 5). 온라인 게임에 들어가면 외로움, 고독, 허무함은 사라지고 안심과 흥분, 즐거움이 찾아와 불만족스러운 현실의 일을 잊어버릴 수도 있다. 온라인 게임 속에는 거대한 가상현실의 세계에서 사람이 조종하는 캐릭터가 일상생활을 즐기고 친구를 사귀며 모험과 전투를 한다. 그곳에서 얻은 전리품은 함께 나누어 가상현실에서 사회적 지위를 상승시켜 나간다. 온라인 게임에 중독된 많은 청소년들에게 가상세계 속의 캐릭터는 현실의 자아보다 훨씬 더 매력적이며 자신감에 찬 존재이다.

온라인 게임은 편한 시간에 원하는 만큼 할 수 있는 게임이다. 온라인 게임의 매력은 두 명 이상의 플레이어가 동시에 인터넷에 접속해 게임을 공유하고 현재 상황을 함께 즐길 수 있다는 점이다. 초고속 정보통신망의 보급과 많은 사람들의 참여로 종래의 게임과는 달리 동료가 늘어나면 가상현실 속에서 커뮤니티가 자연히 형성된다. 또한 게임에 따라 캐릭터끼리 친해지고 애정이 싹터 GM(게임 마스터)의 도움으로 결혼식도 하고 가상현실 속에서 부부가 되기도 하며 재산을 공유하는 일도 가능하다. 이처럼 현실세계와 지극히 가까운 가상현실의 생활을 체험할 수 있는 온라인 게임의 특성이 중독 현상을 초래하는 것이다.

무타 다케오(2006: 103~104)에 따르면, '게임 중독이란 채팅이나 온라인 게임 등을 통해 정신적인 충족과 안정을 얻는 상태로, 일상생활에서의 생리적인 욕구 외에는 거의 모든 시간을 온라인 게임이나 채팅으로 소비하는 생활을 하고 있는 상태'를 의미한다. 게임 중독자들 가운데는 소위 '은둔형 외톨이'가 많으며 그들은 하루 종일 온라인 게임에만 몰두하기도 한다. 국내 조사 연구에서도 게임을 많이 하는 학생들은 자아정체성이 불안정하거나 권태감을 쉽게 느끼고 충동성도 높은 편인 것으로 밝혀졌다. 또한 사회적 능력에 대한 자신감이 낮고 행동 통제에 어려움을 많이 느끼는데,

학년이 올라갈수록 심각하게 나타나고 있다. 이는 사이버 공간에서의 대인 교류가 사회성 개발로 연결되고 있지 않음을 반영한다(정기선, 2000).

게임 중독자들에게 컴퓨터 화면은 현실 사회에 비해 스릴과 서스펜스가 넘치고, 새로운 기능과 이벤트가 추가되어 결코 지루하지 않고 흥미로운 생활을 제공한다. 또한 실제 사람들이 캐릭터를 움직이기 때문에 대화를 나누는 것도 싫증나지 않는다. 가상세계이지만 현실의 인간관계에서처럼 우정이나 사랑, 슬픔도 나눌 수 있다. 따라서 현실 생활에 흥미가 없고 자존감이 낮은 사람이더라도 가상세계에서는 유명인 혹은 존경받거나 무서운 대상이 되어 자신의 존재감을 얻게 되며, 그것을 유지하고자 모든 생활을 가상세계 안에서 추구할 때 이미 자신도 모르게 완전한 게임 중독자가 되어 있는 것이다.

2007년에 ≪동아일보≫와 연세대학교에서 실시한 온라인 게임의 병리적 사용 조사에 따르면, 청소년 게임 중독에 영향을 미치는 요소로는 게임 시작 시기가 유의미한 것으로 나타났다. 조사 결과 남학생의 80.7%는 초등학교 4학년 이전에 게임을 시작했으며, 26.9%의 남학생은 초등학교 입학 전에 이미 게임을 시작했다고 응답했다. 연구팀의 분석 결과, 초등학교 남학생의 경우 시작 시기가 빠를수록 게임에 중독될 가능성이 큰 것으로 밝혀졌으며, 여학생은 부모가 게임을 못하게 통제할수록 게임 중독 성향이 강해지는 '통제의 반발 현상'이 뚜렷하게 나타났다. 이러한 연구 결과는 가정이나 학교에서 남학생들이 누릴 수 있는 놀이문화가 빈곤하고, 여학생들은 부모와의 관계에 많은 영향을 받고 있음을 시사한다(≪동아일보≫, 2007. 1. 7).

게임 중독 성향과 학업 효능감도 상관관계가 매우 높게 나타났다. 청소년들은 학업에 대한 자신감이 부족할수록 게임에 더 몰입하는 경향이 있으므로, 게임 중독 성향이 강한 청소년일수록 일방적으로 게임을 끊도록 강요하기 보다는 자신감을 심어주는 것이 중요하다. 또한 연구 결과, 여학생이 남학생보다 게임 중독으로 인한 우울증이나 주의력 결핍, 불안 등 정신의학적 문제가 더 심각한 것으로 밝혀졌다. 예를 들어 결석, 가출, 음주, 흡연 등 비행문제와 게임 중독 간의 상관관계에서도 여학생은 게임 중독 성향이 강할수록 비행문제가 많이 나타났으나 남학생은 상관관계가 특별히 나타나지 않았다. 그리고 게임 시작 연령이 어릴수록 게임 이용 시간이 길어지며, 게임 이용 시간이 길수록 학습 능력과 통제력이 상실되는 등 정신 건강에 문제가 있는 것으로 확인되었다. 이러한 연구 결과는 남학생은 게임에 완전히 몰입하는 데 반해 여학생은 게임 중독과 비행이 맞물려 있으므로 여학생에게 더 많은 관심을 기울여야 함을 보여주고 있다(이재명·임우선, 2007).

온라인 게임에 중독된 사람들은 게임에 열중하기 시작하면 시간관념이 없어지며 화면으로 보이는 세계와 음악만이 존재하는 것처럼 느껴진다고 한다. 게임 중에는 자신의 캐릭터가 하는 말에 상대방의 캐릭터가 어떤 대답을 할지 기다리며 상대의 반응에 따라 대응할 행동을 순간적으로 판단해 움직여야 하기 때문에 점점 더 몰입하게 된다. 온라인 게임은 기존의 컴퓨터 게임과는 달리 각각의 캐릭터가 살아 있는 사람들에 의해 움직여지므로 20개의 캐릭터가 있으면 20명의 상대가 동시에 가상세계에 있는 것이며, 작전을 세워 싸움에서 승리했을 때의 기쁨은 그 어느 것과도 비교할 수 없을 정도로 크다(무타 다케오, 2006: 56~57). 따라서 게임에 중독된 청소년들에게 컴퓨터를 압수하거나 못하게 하면 자신의 존재를 부정하는 것으로 판단, 반항하거나 폭력적인 반응을 보이기도 한다. 그렇다고 청소년의 폭력적 반응을 염려해 아무런 조치를 취하지 않으면 게임 중독은 더욱 심각해진다. 무타 다케오는 『게임 중독』에서 온라인 게임을 중지시키려고 하면 가정폭력이 발생하게 될 소지가 높다고 경고하고 있다.

특히 학력 중심의 경쟁 사회에서 학교와 학원을 오가며 시간에 쫓기는 생활을 하는 청소년들에게 시공간을 초월해 상호 작용을 할 수 있는 쌍방향성의 온라인 게임은 익명성이 보장되고 자극이 높은 탓에 스트레스를 발산하는 최적의 놀이로 자리 잡고 있는 것이 현실이다. 그러나 청소년들이 온라인 게임을 하루 10시간 이상 몇 개월이고 계속하게 되면 오히려 스트레스가 축적되어 자율신경의 조절 능력을 상실할 수 있다. 중요한 점은 인터넷의 가상세계에서 현실 사회로 돌아오는 일이 쉽지 않음을 가족들이 인식해야 한다는 것이다. 따라서 강제적으로 컴퓨터를 압수해 자녀와의 관계를 단절시키거나 다른 문제를 초래하기보다, 인터넷 세계를 이해하고 자녀와 상호이해를 도모하면서 현실 사회로 서서히 돌아오게 하는 방법을 모색하는 것이 필요하다.

5. 인터넷 중독 진단 기준과 예방책

「인터넷 중독: 새로운 임상 질환의 출현」이라는 연구 논문으로 인터넷 중독을 연구해온 영(K. S. Young) 박사는 인터넷 중독자의 가족만큼 이 중독의 심각성을 이해하는 사람은 없다고 역설한다. 그가 상담했던 수많은 인터넷 중독자 가족들은 좌절과 혼란, 외로움과 절망을 토로했다. 인터넷 중독자가 된 가족들은 서로 비밀을 갖고 거짓말을 하며 싸우고 약속을 어긴다. 결국 어느 날 인터넷을 통해서 알게 된 누군가와 살기 위해 도망쳐버리기까지 하는 슬픈 경험을 가진 사람도 있었다. 대부분의 인터넷 중독자들은 '현실세계'에 흥미를 완전히 잃어버린다. 특히 10대들과 대학생들의 경우 인터넷의 채팅과 온라인 게임의 유혹에 쉽게 빠져들어 매일 밤늦게까지 인터넷을 하면서 학교생활과 사회생활에 잘 적응하지 못하는 경우가 많다 (Young, 2000: 23~27).

인터넷의 도입 전후에 보통 사람들의 삶의 변화를 비교해보면, 대부분이 혼자 컴퓨터 앞에서 보내는 시간이 늘었고 가족과 TV를 시청하는 시간은 줄었다. 또한 인터넷을 통해 취미활동이 다양해지거나 새로운 친구를 사귈 수는 있었으나 기존의 가족, 친지나 친구와 보내는 시간은 줄었다(박부진·이해영, 2000). 이런 측면에서 인터넷은 실생활에서 가족 간 커뮤니케이션의 단절 혹은 의사소통의 새로운 단절을 가져왔다는 비난을 면하기 어려울 것이다. 그러나 인터넷 중독자들의 고백에 의하면 인터넷 세계에는 현실세계와는 다른 차원의 세계가 존재하고, 그 안에서 그들의 의견은 받아들여지고 중요한 사람임을 느끼게 해주기 때문에 끊을 수가 없다.

인터넷 중독자들에게 인터넷은 실제로 살아 있는 것이며, 생명이 있고 숨 쉬는 전자공동체로서 자신감과 소속감을 느끼게 하는 특별한 공간(장소)을 제공한다. 실제로 많은 청소년들이 자신의 실명이 아닌 아이디로서 가상공동체 안에서 경험하는 느낌에 따라 무엇인가를 발견하고 있다. 그들은 사이버 공간에서는 자유롭고 구속받지 않으며, 원했던 누군가와 사귈 수도 있고, 일상생활에서 맛보지 못한 좋은 감정을 인터넷에서 경험하고자 한다. 10대 인터넷 중독자들은 대부분이 부모가 자신을 인정해주지 않으며, 답답한 집안에 갇힌 것 같은 생활을 한다고 말하는 경우가 많다. 그들은 사이버 공간에서 깊이 숨겨놓은 감정을 공유할 수 있고, 의견을 제시할 수도 있으며, 현실세계에서보다 더 빨리 공개적으로 다른 사람과 만나기도 한다. 또한 인터넷에서는 누구든지 원하는 사람이 될 수 있으며 원하는 대로 행동할 수 있어, 인터넷이 현실의 문제를 잊게 해주는 일종의 탈출구 역할을 한다(Young, 2000: 44~45).

인터넷의 등장과 확산으로 인한 가족관계의 변화 역시 주목할 만하다. 초고속 광대역망의 보급으로 사회가 네트워크화되면서 개인들은 혼자서 더 많은 시간을 보내는 경향이 있다. 그 결과 가족 구성원들과의 커뮤니케이션이 감소하고 사회적인 참여 정도가 줄어드는 대신 우울증이나 고독감을 많이 느끼게 된다. 즉, 인터넷에서 많은 시간을 보낼수록 일상에서 사람들과 어울리는 시간은 줄게 되므로 새롭고 광범위한 사회적 고립현상이 나타나고 있다. 물론 가족관계 형태나 대화 유형에 따라 이러한 현상에 부합되지 않을 수도 있다. 예를 들어 평소 가족 간에 충분한 대화가 이루어지고 있는 가정의 경우 인터넷을 이용하면서 오히려 가족 간에 대화가 늘어난 경우도 있기 때문이다. 즉, 가족 간에 인터넷을 둘러싸고 대화 내용이 풍부해졌거나 서로 도움을 줄 기회가 증가하는 반면, 그렇지 못한 가정의 경우는 인터넷의 과도한 사용으로 가족 간의 폐쇄성이 오히려 강화되고 갈등을 초래하기도 한다(박부진, 2000). 더 심각한 경우에는 가족 간의 커뮤니케이션 단절 현상까지 생기는 것이다.

자녀와 부모의 인터넷 사용에 관한 연구에서도 가족 간에 평등적인 대화 형태를 유지하고 있는 가정은 장시간 인터넷 사용에 따른 중독 가능성도 낮고, 컴퓨터가 자녀의 방 안에 설치되어 있어도 인터넷 이용량이나 카페 가입률이 낮은 결과를 보이고 있었다(박소라 외, 2004). 이러한 점은 가족관계에 따라 인터넷이 긍정적 혹은 부정적 영향을 줄 수 있으며, 인터넷을 중심으로 한 가족 구성원 간의 대화 여부가 올바른 인터넷 이용을 유도해 중독을 예방할 수 있음을 시사한다. 특히 인터넷이 가족관계에 미치는 주요 변수로는 부모의 인터넷 사용법을 들 수 있다. 부모가 컴퓨터를 올바르게 사용하는 경우 대화가 풍부해지며, 어머니가 인터넷의 장단점과 중독 현상에 대해 자녀보다 잘 이해하고 있을 때 예방 조치가 수월해질 수 있다.

정신과 의사인 골드버그(Goldberg, 1996)가 제시한 인터넷 중독의 진단 기준을 살펴보면, 가정에서 부모들이 청소년 자녀들의 중독 현상을 점검해 볼 수 있다. 대표적인 점검 기준으로는 다음과 같은 인터넷 사용의 내성과 금단 현상이다. 첫째, 인터넷을 사용하면 할수록 만족하는 시간이 점차 늘어나는 경우, 둘째, 장기간 인터넷 사용을 줄이거나 중지했을 때, 초조해하고 불안해하거나 강박적인 심리 상태를 보이고 인터넷 사용과 관련된 환상을 떠올리거나 꿈을 꾸고 자판을 두드리는 행위 등을 하는 경우, 셋째, 생각했던 것보다 더 자주, 더 오래 인터넷을 사용하는 경우, 넷째, 상당량의 시간을 인터넷 사용과 관련된 행동에 소비하는 경우, 다섯째, 학업이나 일, 여가활동을 인터넷 사용 때문에 포기하거나 줄이는 경우, 여섯째, 인터넷 사용으로 인해 신체적·사회적·심리적 문제를 갖고 있음에도 인터넷을 계속하는 경우 등은 가정에서도 점검할 수 있는 인터넷 중독 진단 기준이다.

한국정보문화진흥원의 인터넷 중독 예방상담센터에 따르면, 인터넷 게임 중독 고위험 증상은 가상의 게임세계에 몰입해 게임 공간과 현실 생활을 혼동하거나 게임으로 인해 현실세계의 대인관계 및 일상생활에 부적응 문제를 보이며 부정적 정서를 나타내는 것이다. 대체로 인터넷 게임 중독의 가능성이 높은 청소년의 경우, 혼자서 하루 2시간, 주 5~6회 이상 게임을 하며, 게임 행동을 조절하는 데 어려움을 보인다. 일반적으로 그들은 자기통제력이 낮아 일시적인 충동이나 만족을 추구하며 문제해결 능력이 부족하고 공격적 성향이 높다. 또한 자신에 대해 부정적으로 생각하는 경향이 강한 것이 특징이다.

청소년 미디어 중독은 상담이나 치료보다 예방 교육이 매우 중요하다(고영삼, 2007). 미디어에 일단 중독되고 나면, 완전히 치유하는 데 상당 기간이 소요되며, 그동안 학습을 못하거나 부모와 자녀 사이의 갈등이 심해서 가족 모두가 고통을 겪기 때문이다. 따라서 휴대전화와 인터넷 같은 디지털 매체에 의존증이 높은 청소년들을 지도하기 위해서는 예방 교육 차원에서 'CARE'라는 방법을 참고할 필요가 있다. 'CARE'는 Check(파악) − Analysis(분석) − Reform(개선) − Effect(효과)를 의미한다. 이는 고영삼(2007)이 제시한

<그림 6-1> 현장에서 청소년 지도방안: CARE 상담

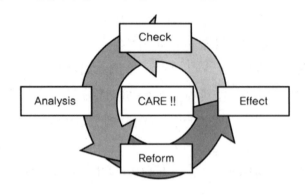

자료: 고영삼(2007: 6).

순환 과정 속에 청소년들을 지도하는 방법으로서, 미디어 의존증이 높은 자녀를 둔 부모라면 적용해볼 가치가 있다고 판단된다(<그림 6-1 참조).

<그림 6-1>에서 볼 수 있듯이, 미디어 중독을 예방하기 위해서는 먼저 학교에서 가장 많은 시간을 보내는 청소년들의 학교생활(출석상황, 성적 및 친구관계)을 파악하고, 문제행동의 시작 시기와 과정을 관찰할 필요가 있다. 동시에 가족 내 결속력의 정도와 부모의 자녀교육 방식 및 의사소통 방식, 조부모의 존재 여부 등에 대한 상세한 파악이 필요하다. 다음 단계로 인터넷 중독 자가진단 검사를 실시하여 청소년의 성격적 특성과 정서적 욕구 분석, 인터넷 중독 정도를 정확하게 진단받도록 한다. 또한 이 단계에서는 청소년이 선호하는 미디어 유형과 인터넷 콘텐츠 사용 동기 등을 파악하고, 자신의 문제를 어떻게 인식하고 있는지, 또 변화하려는 욕구를 어느 정도 가지고 있는지를 파악하는 것이 중요하다. 만약 자기 문제에 대한 인식이 낮은 수준이라면 개입의 수준을 낮추고 청소년의 말에 공감해주는 것도 필요하다.

다음으로 세 번째 개선(reform) 단계에서는 청소년 스스로 현재 자기 상황

을 개선하기 위한 방법을 생각하도록 하고, 긍정적인 대안 행동을 선택하도록 칭찬과 격려를 해주는 것이 중요하다. 청소년 자신이 대안적 목표와 행동을 생각하도록 하는 것이다. 이 단계에서는 인터넷 사용일지를 활용하도록 하는 것도 바람직하다. 또한 목표를 설정할 때 구체적이고 측정 가능하며 한정된 시간 내에 성과를 이룰 수 있도록 달성 가능한 목표를 세우도록 지도해야 한다. 마지막으로 상담의 효과를 측정하기 위해 목표 점검과 변화를 측정해야 하는데, 본인뿐만 아니라 부모나 교사를 통해서도 확인할 수 있다. 특히 청소년의 부모와 결과에 대해 함께 토론하는 것이 중요하며, 이는 향후 다른 생활 계획을 세우는 데도 도움이 될 수 있고 부모의 자녀양육 방식에도 변화를 가져올 수 있기 때문이다(고영삼, 2007: 6~8).

인터넷에 중독된 청소년들이 가상세계로부터 나오기 위해서는 무엇보다 컴퓨터 사용에 대한 규칙을 부모와 자녀가 함께 정하는 것이 바람직하다. 구체적인 방법으로는 컴퓨터를 사용할 요일과 시간을 정하고, 일정한 사용시간이 지나면 전원이 자동으로 꺼지는 프로그램을 설치하는 것도 방법이 될 수 있다. 이와 함께 컴퓨터 사용을 스스로 조절할 수 있는 상벌제도를 협상하고, 자녀의 컴퓨터 사용을 부모가 모니터링하는 노력과 자녀 스스로 일지를 작성하게 하는 방법도 고려할 수 있다(이혜진, 2008). 더 나아가 컴퓨터나 인터넷, 온라인 게임에 대해 자녀와 근원적인 이야기를 나누고, 일상생활에 심각한 장애가 된다고 판단될 때는 전문적 치료를 받거나 상담을 받아 현실세계로 돌아오는 조치를 취해야 한다.

6. 결론

인터넷이 우리 사회에 가져온 다양한 긍정적 기능과 영향을 굳이 논의하지 않더라도 인터넷을 통해 공유하는 각종 문화 콘텐츠는 청소년들의 삶을 좀 더 윤택하게 만드는 데 기여한다. 청소년들은 개별적으로 의미 있는 문화 경험을 인터넷상에서 선택하고 체험하며 좀 더 자립적이고 창의적인 방식으로 의사소통을 하고 있다. 그들에게 사이버 공간은 현실 공간과 공존하는 또 다른 생활 영역으로서, 비선형적이고 개방적인 온라인 네트워크의 기술적 특성으로 '문화 생산'과 '문화 향유'를 동시에 누리는 장(場)인 것이다.

그러나 이러한 인터넷의 긍정적인 측면에도 불구하고, 청소년들의 디지털 미디어 의존증이나 게임 중독 상태가 심각한 수준임을 인식할 필요가 있다. 이를 위해 청소년을 둔 가정에서는 가족 구성원이 향유하고 있는 디지털 매체의 사용 실태와 비용, 장단점에 대해 함께 기록하고 토론하며, 휴대전화, 컴퓨터, TV와 MP3 등 디지털 매체를 일주일 혹은 이틀 정도만이라도 사용하지 않는 '미디어 프리(media-free)' 날을 경험해볼 것을 제안한다. 이를 통해서 가족 구성원 모두 청소년들이 어느 정도 디지털 매체에 의존하고 있는지 그 중독 증상을 함께 인식할 수 있을 것이다.

역사적으로 볼 때 새로운 매체 기술은 기존의 질서와 충돌하고 새로운 커뮤니케이션 양식을 가져오며, 이를 초기에 사용하는 사람들과 그렇지 못한 사람들 사이에 지식 격차를 창출한다. 또한 시대를 불문하고 뉴미디어의 등장은 일정 부분 부모와 자식 사이의 가치관 단절을 초래해왔다.

정보화 사회의 청소년들은 성인보다 인터넷을 비롯한 디지털 미디어 사용에 적응력이 뛰어나다. 이러한 청소년들은 인권과 존엄성을 주장할 수 있는 존재이자 스스로 판단할 수 있는 자율적인 존재로 인정받을 권리가 있다. 이러한 맥락에서 청소년 미디어 문화 역시 지나친 보호주의적 관점이나 일탈적인 하위문화로 간주하기보다는 청소년들의 사회적 역할과 지위를 인정하고, 새로운 삶의 양식을 창출해가는 매개문화로서 수용해야 할 것이다. 그들이 미래를 열어갈 권리를 인정해줄 때, 디지털 미디어는 청소년들의 생각과 느낌을 자유롭게 펼치고 자아를 실현하는 데 필요한 도구로써 유용하게 사용될 것이다. 아울러 디지털 리터러시 교육을 통해 청소년들의 인터넷 중독에 관한 문제점들을 인식시키고 디지털 사용능력을 증진시킬 때, 민주화되고 평등화된 네트워크 사회에서 바람직한 청소년 미디어 문화가 창출될 것으로 기대된다.

186

참고문헌 _____

경찰청. 2000. 『경찰백서』.

고영삼. 2007. 「청소년의 미디어 중독, 그 현황과 대응」. 한국정보문화진흥원.

고영삼·엄나래. 2007. 「청소년 인터넷 중독 특성 분석: KADO 내담자를 중심으로」.
    KADO 정보격차해소연구센터 이슈리포트 07-08.

김미윤. 2003. 「사이버공간 경험의 의미와 청소년 문화」. ≪청소년학연구≫, 10권
    4호, 211~232쪽

김병구·박중규 외. 2008. 「인터넷 중독의 특성 분석 연구」. 한국정보문화진흥원,
    연구보고 07-14.

김종범. 2000. 「인터넷 중독 하위집단의 특성 연구」. 연세대 석사학위 논문.

김진희·김경신. 2003. 「청소년의 심리적 변인과 인터넷 중독, 사이버 관련 비행의
    관계」. ≪청소년복지연구≫, 5권 1호, 85~97쪽.

노용오. 2005. 『청소년 문화론』. 서울: 도서출판 구상.

노웅기·윤용익. 2007. 「미국 내의 IPTV 서비스 현황」. ≪정보처리학회지≫, 14권
    2호.

무타 다케오. 2006. 『게임 중독』. 여인중 옮김. 서울: 지혜문학.

박경호. 2003. 「국내 인터넷 컴퓨터 등의 사이버 중독 실태 조사」. ≪정보통신학술
    연구과제지정조사 00-05≫, 정보통신부.

박부진·이해영. 2000. 「대학생의 인터넷 이용특성과 가족생활의 변화」. ≪가족과
    문화≫, 12권 2호, 99~126쪽.

박소라·윤성옥·양지운. 2004. 『어린이와 인터넷 미디어』. 서울: 커뮤니케이션북스

박진규. 2003. 『청소년 문화』. 서울: 학지사.

백승문. 2002. 「사이버공간 중독집단 유형과 관련된 청소년의 사회심리적 환경」.
    충북대학교 석사학위 논문.

안귀덕·김경성·김광웅·황정규. 1998. 『한국청소년문화: 변화와 연속』. 경기: 한국
    정신문화연구원.

양희정. 2001. 「청소년의 인터넷 중독 실태와 문제점에 관한 연구」. 한남대학교
    석사학위 논문.

영, 킴벌리. S.(Kimberly S. Young) 2000. 『인터넷 중독증』. 김현수 옮김. 서울: 나눔의 집.

이봉건. 1999. 『사이버공간에서의 중독, 사이버 공감의 심리』. 박영사.

이재명·임우선. 2007. "어린이 게임중독… 머릿속 '뱅뱅' 수업은 '뒷전'.", http://www.donga.com/fbin/output?n=200712070102

이혜진. 2008. "[신나는 공부]컴퓨터에 빠진 아이…'게임의 룰' 만들어 줘라.", http://www.donga.com/fbin/output?n=200807150116

정기선. 2000. 「청소년의 인터넷 사용의 사회심리적 영향」. ≪정보와 사회≫, 2000년 2호.

청소년기본법[(타)일부개정 2008.2.29 법률 제8852호], 제3조

한국게임산업개발원 산업정책팀 편. 2008. 『대한민국게임백서』.

한국인터넷진흥원. 2006. 「정보화실태조사」.

_____. 2007. 「정보화실태조사」.

한국인터넷진흥원. 2007, 2008년 보도자료(2008. 9. 30).

한국정보문화진흥원 인터넷중독예방상담센터(www.kado.or.kr).

한국정보문화진흥원. 2006. 「2006년 인터넷 중독 실태 조사」.

Furlong, A. and F. Cartmel. 1997. *Young People and Social Change*. Buckingham: Open University Press.

Giddens, A. 1991. *Modernity and Self-identity: Self and Society in the Late Society Age*. Cambridge: Polity Press.

Goldberg, I. 1996. "Internet Addiction. Electronic message posted to research discussion list." http://www.rider.edu/users/suler/psycyber/

Walter, J. B. 1996. "Computer-mediated communication: Impersonal, interpersonal, and hyperpersonal interaction." Communication Research, Vol. 23, pp. 3~43.

Wellman, B. 1996. "an Electronic Group is Virtually a Social Network." ch.9 in Sara Kiesler(ed.), *Culture of the Internet*, Hillsdale, NJ: Lawrence Erlbaum., 1997. pp. 179~205.

Williams, R. 1985. *Keywords: A Vocabulary of Culture and Society*. Oxford University

Press.

Young, K. S. 1997. "What makes on-line usage stimulating? Potential explanations for pathological Internet use." *Paper presented at the 105th annual meeting of the American Psychological Association*, August Vol. 15, 1997. Chicago, IL.

_____. 1998. "What is Internet Addiction?" www.netaddiction.com.

제7장

디지털 시대, 모바일 부부

황하성(동국대학교 신문방송학과 조교수)

1. 서론

　가정은 가족을 주체로 하여 생활을 영위하는 공동 조직체이자 가족 개개인의 생활 활동을 안전하게 보호하는 생활 공동체이다. 과거의 친족주의적인 확대가족에서 벗어나 부부관계에 중점을 두는 핵가족이 보편화되면서 부부의 상호관계가 현대 가족의 중심을 이루고 있다. 결혼 만족도와 관련된 선행 연구에 의하면 결혼에서의 만족 정도는 부부 개인의 특징이나 사회적 지위보다는 부부간의 관계적인 특징, 즉 부부간의 의사소통, 커뮤니케이션이 중요한 영향을 미치는 것으로 나타났다(이정은·양수, 2005).

　최근 급속도로 발전하고 있는 모바일 테크놀로지는 부부의 커뮤니케이션을 수행하기 위한 대표적인 전달 매체로 자리 잡고 있다. 이동성, 사적인 독립성 등의 특징을 가진 모바일은 다른 매체에 비해 가족과의 친밀감을 증진시킨다(배진한, 2001). 모바일의 음성·문자메시지를 통해 가족 구성원

　* 이 장은 「모바일 이용과 부부관계의 변화」, ≪사회과학연구≫, 16권 1호 (2009), 157~177쪽의 논문을 토대로 작성했다.

들은 더 빈번하게 의사소통을 하고 있다. 특히 문자메시지는 대면해서 하기 힘든 솔직한 이야기를 좀 더 쉽게 전달할 수 있게 도와주기 때문에 가족관계가 향상될 수 있다(이현아·이기영, 2004). 실례로 중년층을 대상으로 한 연구에 의하면 휴대전화를 활용한 커뮤니케이션이 부부관계, 부모와 자녀의 관계를 향상시키는 경우가 더 많은 것으로 나타났다(조정문 외, 1999). 인터넷이나 휴대전화 같은 뉴미디어의 사용이 부부 사이 또는 부모와 자녀 사이의 의사소통과 친밀감을 증대시키고 갈등 해소의 수단이 된다는 것이다.

또한 모바일의 문자메시지를 연구한 일부 연구자들은 모바일이 부부 사이의 대화 기회를 높인다고 밝힌 바 있다. 모바일 이용자들의 질적 자료 분석 결과에 의하면, 평소에 대화를 많이 하지 못한 가족들과 이야기하거나 직접 말로 전할 수 없는 내용을 문자로 주고받으면서 마음을 전하는 경우가 많은 것으로 드러났다(이가옥 외, 2007). 부부들은 문자 기능을 활용해 정서적 맥락에서 소통하고 있으며, 그 과정에서 여성이 오히려 커뮤니케이션 상황을 주도하기도 한다. 이는 여성이 남성보다 더 많은 모바일 기술을 익히고 쓰고 싶어 하기 때문이며, 이런 맥락에서 앞으로 모바일 커뮤니케이션 상황은 여성 중심적으로 재편될 가능성을 보여주기도 한다(김은준, 2008).

이러한 연구 결과가 함의하는 바는 모바일 기술이 가족의 해체를 막는 가장 중요한 도구인 '대화'를 되돌려준다는 것이다. 몸이 떨어져 있으면 대화도 어려웠던 과거와 달리 몸은 떨어져 있어도 대화를 할 수 있는 가족 관계가 가능해지면서 해체되던 가족관계가 다시 집합의 시대로 들어서게 된 것이다. 따라서 모바일은 단지 대인 커뮤니케이션의 수단이라는 의미를 넘어 생활에 유용한 자원을 전달해주고 인간관계를 유지·확대시켜주는 한편, 개인적인 삶을 더욱 효율적으로 관리해주는 중요한 도구라는 의미를 가지게 된다(윤석민 외, 2004).

그럼에도 지금까지의 모바일 연구는 10대 청소년들이나 20대의 대학생들을 대상으로 한 모바일 이용 동기 및 이용 행태, 이용 유형, 사회화와의 관계성 등에 중점을 두고 있다. 이에 비해 성인층을 대상으로 한 연구는 상대적으로 부족하다. 따라서 이 연구는 현대인의 일상적 삶으로 다가온 모바일 테크놀로지의 의미와 가치를 부부간 커뮤니케이션 영역에서 탐구하고자 한다. 앞서 밝혔듯이, 모바일을 이용한 문자메시지는 일상생활에서는 물론 부부 사이에서도 신속한 커뮤니케이션 방식으로 뿌리내리고 있다. 그렇다면 현대의 모바일 테크놀로지는 부부 커뮤니케이션에 어떠한 영향을 미치고 있는가? 이 연구의 구체적인 관심사는 모바일을 매개한 커뮤니케이션이 과연 부부관계를 결속시키고 강화시키는지 살펴보는 데 있다.

나아가 남편과 아내 사이에 모바일 이용에 따른 차이가 있는지, 모바일에 대한 인식은 어떠한 차이를 보이는지 살펴봄으로써 부부관계에서 모바일 테크놀로지가 갖는 의미는 무엇인지 종합적으로 고찰해볼 것이다. 이러한 연구는 모바일이 어떤 양상으로 현대 사회의 커뮤니케이션에 영향을 미치는지 모바일 이용에 대한 사회문화적 함의를 부부관계의 관점에서 구체적으로 살펴볼 수 있는 기회를 제공할 것이다.

2. 미디어와 부부 커뮤니케이션

1) 뉴미디어 이용과 부부관계의 변화

가족 구성원 사이의 효율적인 의사소통은 가정의 정서적 안정과 결속력, 적응력, 기능성 등을 유지할 수 있게 해준다(이정은·양수, 2005). 특히 부부의 대화 단절은 결혼 생활에 대한 불만족으로 이어질 수 있는데, 일부 연구들은 부부의 의사소통이 결혼생활의 가장 강력한 예측 변인임을 밝히고 있다 (Lim, 1998). 전통적인 한국 사회에서 많은 부부들은 배우자에게 자신의 생각과 감정을 명확하게 표현하고 전달하는 데 익숙하지 않았지만, 최근 정보통신 기술의 발달은 가족 간 또는 부부간의 효율적인 의사소통을 가능하게 해주고 있다. 이에 따라 일부 연구들은 인터넷과 같은 뉴미디어의 이용이 가족관계에 미치는 영향에 관심을 가지며, 테크놀로지를 이용한 가족의 커뮤니케이션이 가족 구성원의 친밀감 향상에 미치는 영향을 조사했다.

예를 들어 주부들의 인터넷 사용이 가족관계에 미치는 영향을 조사한 결과, 부부가 서로 인터넷을 통해 메일을 주고받는 횟수가 증가할수록 더욱 긴밀한 관계를 유지하는 것으로 나타났으며, 자기 발전적 동기를 위해 인터넷을 사용하는 주부들일수록 부부간에 더 친밀감을 느끼는 것으로 조사되었다. 즉, 시대에 뒤떨어지지 않고 자신의 성숙과 발전을 위해 사회 전반의 지식을 넓히고자 인터넷을 사용할 때 남편과 나누는 대화의 양과 질이 예전보다 높아지고, 이것이 결국 부부의 친밀감 향상에 긍정적인 영향을 미친다는 것이다(이현아·이기영, 2004). 이러한 연구 결과는 인터넷이 부부관계 향상에 중요한 역할을 하고 있음을 시사해준다.

인터넷 외에도 모바일 이용에 따른 가족관계의 변화에 관심을 둔 연구들도 있었다. 나은영(2002)은 남성은 통화 목록에 있는 사람 수가 여성보다 월등히 많은 반면 여성은 통화 목록에 있는 사람 수는 적지만 가족처럼 안정된 관계의 사람들과 오래 통화하는 경향이 있다고 주장했다. 김명혜 (2005)는 휴대전화를 이용해 부모와 자녀가 시간과 공간의 제약을 받지 않고 커뮤니케이션함으로써 휴대전화가 어머니 노릇을 재생산하고 강화하고 있다고 밝혔다. 또한 모바일 테크놀로지를 통한 부모와 자녀의 커뮤니케이션 특성을 조사한 연구에서는 부모와 자녀가 주로 문자메시지를 활용해 정서적인 맥락에서 커뮤니케이션을 하고 있으며, 면대면 상황에서 있을 수 있는 커뮤니케이션의 부담을 최소화하거나 완화하기 위해서 모바일을 적극적으로 사용하고 있는 것으로 나타났다(김은준, 2008).

이러한 연구들은 부부관계, 부모와 자녀의 관계 등에서 의사소통의 중요성을 강조하는 한편 가족 구성원들의 뉴미디어 사용이 가족의 소통을 위한 대화의 채널을 열어주고 구성원들의 관계를 유지하며, 결정적으로 생활의 안정을 도모할 수 있음을 시사하고 있다. 즉, 면대면으로 대할 시간이 극히 줄어들고 있는 현대 사회에서 저마다 떨어져 있는 가족 구성원들이 물리적 시공간을 넘어 인터넷 또는 모바일이 제공하는 또 하나의 시공간에서 서로 상호 작용하고 있음을 알 수 있다.

2) 정서적·감성적 매체로서 모바일

모바일은 늘 휴대하며 누군가와 관계를 맺게 해주는 매개체라는 점에서 이용자들은 모바일을 통해 커뮤니케이션 대상과 다양한 정서적·감정적 경험을 공유할 수 있다. 이러한 맥락에서 기술이 인간의 감정 표현과 교환을 매개하고 있다고 지적한 라센(Larsen, 2004)은 모바일을 '정서적 테크놀로지(affective technology)'라고 주장한다. 이는 대화의 의미 전달, 의사소통을 가능하게 하는 모바일의 도구적 매체로서의 기능보다는 최근 디지털 테크놀로지의 발달 속에서 집중되고 있는 정서적 소통을 강조하는 개념이라 볼 수 있다(김고연주·이지은, 2006).

정서적 매체로서 모바일에 접근한 일부 연구들은 모바일의 문자메시지가 음성통화에 비해 상대적으로 관계적 커뮤니케이션에 더욱 유용하다고 지적한다. 문자메시지가 지인과의 잦은 메시지 교환을 통해 친밀감과 정보를 교환할 수 있는 정서적인 측면의 사회적 동기를 충족시키는 적절한 서비스라는 것이다(이수영, 2003). 예를 들어 청소년들의 문자메시지 이용 패턴을 보면 아주 가까운 사회적 관계에 있는 사람들끼리 돈독한 유대감을 유지하기 위해 사용하며, 소수의 친한 사람들과 가벼운 연락을 지속적으로 유지한다(Ito, 2003). 즉, 친구들과의 친밀한 관계를 유지하기 위해 10대들이 문자메시지를 자주 이용한다는 것이다.

부모와 자녀 사이의 모바일 이용을 조사한 김은준(2008)은 부모와 자녀가 문자를 주고받는 것은 특별한 목적보다는 서로의 정서적 교감을 나누기 위해서라고 밝힌 바 있다. 예를 들어 자녀의 기분을 북돋아주거나 격려하기 위해서 자녀들에게 문자를 보내는 어머니들이 많다는 것이다. 어머니들은 휴대전화를 통해 감정적 지원이나 교감을 보내면서 정서적인 보살핌을 수행하고 있는 것이다(김명혜, 2005).

한편 이러한 모바일을 통한 정서적·심리적 교감은 물리적으로 떨어져 있는 상대방과 마치 같이 있는 것 같은 '현존감'을 느끼게 해준다. 이재현(2004)은 모바일이 원격현존(telepresence)감을 느끼게 해주는 매체라고 지적하고 있다. 사람들은 휴대전화를 통해 현재의 물리적 장소와 무관하게 자신이 원할 때 다른 이들과 상호 작용하고 물리적으로 떨어져 있는 대화 상대와 함께 있다고 느끼기도 한다. 배진한(2000)의 연구에서는 남성보다 여성이 전화를 이용할 때 커뮤니케이션 대상과 함께 있다는 느낌의 사회적 실재감(social presence)을 더 많이 경험하는 것으로 나타났다. 일부 연구들은 모바일 이용자들이 문자서비스의 이모티콘을 주고받으면서 대화 상대와 정서적·심리적으로 연결되었다고 느끼고, 이를 통해 대화 상대와 친밀감을 높이고 있다는 결론을 내놓기도 했다(황하성·박성복, 2008).

이러한 연구 결과를 종합하면 모바일이 물리적 한계를 넘는 감정적 교감의 공간을 제공한다는 점에서 부부들 역시 모바일을 통해 일상의 즐거움과 고민을 공유하면서 심리적 애착관계를 발전시킬 수 있음을 예측할 수 있다.

3. 연구 대상 및 연구 방법

이 연구는 부부들의 모바일 이용과 관련된 경험을 통해 모바일이 부부생활에서 갖는 의미, 구체적으로 부부관계에 미치는 다양한 영향력을 탐색하고자 했다. 즉, 모바일의 다양한 기능을 통해 부부들이 그들의 남편, 아내와 즉각적이고 지속적으로 의사소통을 하면서 부부간의 '관계유지' 또는 '친밀감의 형성'이 어떻게 달라지는지 살펴보는 것이 이 연구의 주된 관심사이다. 이와 같은 연구의 목적을 달성하고자 모바일을 사용하고 있는 부부들을 대상으로 심층 면접을 실시했다. 연구자의 지인들을 중심으로 면접 대상자를 선별했으며, 총 10쌍의 부부를 개별적으로 면접했다. 연구자는 면접 대상자들에게 자신과 배우자의 관계, 배우자와의 모바일 이용 행태, 모바일에 대한 전반적인 자신의 견해에 대해 자유롭게 이야기하도록 했다. 면접 대상자들은 40대(6쌍)가 주류를 이루었으며, 30대가 2쌍, 50대가 2쌍이었다. 직업은 남편의 경우, 회사원(4명), 자영업(3명), 교사(2명), 대학원생(1명) 순으로 나타났으며, 아내의 경우 대부분 가정주부였고(8명), 직장인은 2명이었다.

4. 모바일 테크놀로지가 부부생활에 미치는 영향

면접 결과 모바일이 부부생활에 어떠한 영향을 미치는지에 대해 다음과 같은 사항을 알 수 있었다.

1) 남편은 '음성', 아내는 '문자'

새로운 매체의 이용 행태는 매체 환경의 변화 및 이용자의 이용 동기,

욕구 충족에 따라서 성별로 상이하게 나타날 수 있다. 모바일 이용과 관련된 초기 연구에서는 모바일이 남성 주도적이고 남성 중심적으로 이용되고 있음을 지적해왔지만, 최근의 연구 경향은 모바일이 여성 친화적이며 또여성들에게 타인과의 관계 구축을 위한 중심 매체가 되고 있음을 제기하고 있다. 이른바 여성이 남성보다 더 적극적으로 모바일의 다양한 콘텐츠를 이용하고 있다는 연구 결과들이 이를 뒷받침해주고 있다(배진한, 2006; 이동후·손승혜, 2005).

이 연구에서도 아내가 남편보다 더 적극적으로 모바일을 이용해 남편과 의사소통을 시도하고 있음을 알 수 있었다. 남편보다 아내가 더 빈번히 전화를 걸거나 문자를 보내는 부부들이 많았으며, 무엇보다 흥미로운 점은 모바일을 통한 부부의 커뮤니케이션에서 남편들은 주로 음성통화를, 아내들은 문자메시지를 더 선호한다는 것이다.

부부3, 아내: 문자메시지를 (남편에게) 하루에 많게는 7~8개쯤 보내요. 그럼 남편은 뭐 한두 번…….그러다 꼭 할 말이 있으면 그냥 전화해요. 난 문자 보내고 이러는 게 재밌는데 남편은 귀찮다고 하더라고요. 말로 하면 되지 뭘 문자로 하느냐고…….

부부5, 아내: 남편이 회의 들어가거나 사람을 만나고 있다거나…… 사실 통화가 잘 안될 때가 많거든요. 그래서 전 문자를 많이 해요. 그럼 남편이 시간될 때 제게 전화해요. 모르겠어요. 우리 남편은 문자하는 거 별로 안좋아하는 것 같아요.

부부5, 남편: 대부분 제 주위에도 보면, 와이프들이 문자를 많이 보내더라고요. 애들 문제, 집안문제, 뭐 시시콜콜하게 다 문자 보내는 와이프들이

많더라고요. 근데 남자들은 문자하는 거 별로 안 좋아하거든요. 전화로
한꺼번에 다 말로 해버리는 게 편하죠. 전 그래요.

부부1, 남편: 아내가 (저한테) 문자든 통화든 많이 하는 편이에요. 휴대전화
를 사용하고 난 다음부터는 대화 방식이 아무래도 아내 중심으로 된 것
같다는 생각이 드는게…… 하여튼 뭐 시시콜콜한 것까지 다 얘기하니까.

남편들이 문자보다는 음성통화를 선호한다는 것은 타자치기의 귀찮음과
과연 짧은 문자가 '말' 또는 '대화'를 대신할 수 있는가에 대한 의구심에서
비롯됐음을 일부 면접자들을 통해 알 수 있었다.

부부4, 남편: 사실 문자 보내는 거 성가신 일이죠 번거롭잖아요 그냥 전화
하면 되지.

부부2, 남편: 문자 하는 거 귀찮잖아요. 잘하지도 못하지만. 버튼 하나 누르
면 와이프랑 통화되는데…….

부부3, 남편: 내가 이 사람한테 혼날 때가 한두 번이 아니에요. 무슨 사람이
그렇게 무뚝뚝하냐고. 사실 저는 문자 치는 거보다 목소리 듣고 말하는
게 더 좋거든요. 문자가 어디 대홥니까?

2) 모바일을 통한 부부간 '일상의 공유' 혹은 '일상의 구속'

이동 중에도 즉시적인 커뮤니케이션이 가능한 모바일은 이제 현대인들
에게 없어서는 안 될 필수품이다. 타인과의 대인관계는 물론 가족 간, 부부

간의 '일상'의 끈을 이어주는 매체로 활용되고 있다. 인터뷰에 응한 부부들 역시 남편은 직장에서 아내는 가정에서 각각 떨어져 지내지만, 일상의 소소한 일들을 모바일을 통해 서로 나누고 있음을 알 수 있었다.

부부4, 아내: 예전에는 남편이 전화를 해주지 않으면 회사에서 뭘 하고 있는지 알 수가 없었잖아요. 근데 휴대전화를 사용하면서 남편의 일과를 어느 정도 알 수가 있더라고요. 사무실에 있구나, 나가있구나, 저녁에 누굴 만나는구나, 남편의 일상을 어느 정도 알 수 있으니까 좋죠.

부부4, 남편: 전 주로 전화해서 뭐 하나, 집에 없으면 거기 어디냐, 언제 들어갈 거냐, 뭐 그런 거 묻죠. 예전엔 와이프가 휴대전화가 없었으니까. 뭘 하고 지내는지 알 수가 없었는데. 지금은 항상 연락이 되니까 어디 갔는지, 갔다가 왔는지, 늦는지 알 수가 있죠.

부부9, 아내: 휴대전화를 사용하고 나서부터는 답답함이 좀 없어진 것 같아요. 남편이나 저나 어쨌든 일상적인 안부를 서로 알 수 있으니까. 각자 생활에 대해서 조금 더 알게 되었다는 점, 그게 참 좋은 것 같아요.

한편 모바일을 통해 끊임없이 연락하면서 하루의 일상을 서로 나누고 있는 일부 응답자들 중에서 모바일을 통한 일상의 교환이 때로 부부간의 간섭과 구속으로 여겨진다고 말하는 이들도 있었다. 흥미로운 것은 남편들의 의견이 지배적이라는 것이다. "아내들의 요구, 잔소리가 문자를 타고 재생산되면서 남편들의 자유는 사라졌다"고 말하는 남편도 있었다. 또한 김명혜(2005)가 휴대전화를 통해 원격적인 어머니 노릇 하기가 가능해지면서 어머니 노릇이 재생산되고 있다고 주장했듯이 일부 남편들은 그들의

'가장 노릇' 하기가 직장과 가정을 넘나들며 확대되고 있음을 피력하기도
했다.

부부2, 남편: 저녁 먹고 간다고 연락을 했죠. 그런데 한두 시간 지나면
왜 안 들어오냐, 몇 시에 오냐, 술 그만 마셔라…… 문자 하고 전화하고
아주 난리도 아닙니다. 어떨 땐 정말 휴대전화 없애버리고 싶어요. 이거
완전 구속이잖아요.

부부7, 남편: 내가 뭘 하고 있는지 어디에 있는지 서로 알고 있는 건 좋은데
어떨 땐 이게(휴대전화) 완전히 내 생활의 체크가 되고 막 간섭으로 여겨질
때도 있죠. 이거 했냐, 저거 했냐, 이거 해달라, 저거 해달라, 어떨 때 (휴대
전화) 없이 살았을 때가 편했는데…… 싶기도 합니다.

부부8, 남편: 때로는 휴대전화가 족쇄라는 생각도 듭니다. 물론 장소에 구
애받지 않고 서로 소통할 수 있고 편한 것도 사실이지만, 가끔 짜증도 나고
그럴 때도 있어요. 퇴근길에 애들 데려와라, 뭐 이것 좀 사와라…… 이런
거 시키면…….

3) 모바일을 통한 심리적 공간의 공유

일부 학자들은 물리적으로 멀리 떨어져 있지만 음성통화, 문자를 통해서
도 커뮤니케이션 상대와 마치 한 공간에 함께 있는 것과 같은 심리적 근접
성을 느낄 수 있다고 지적했다(이재현, 2004; 황하성·박성복, 2008). 이는 일부
면접 대상자들의 인터뷰 내용에서도 확인할 수 있었다.

부부10, 아내: 남편이 아직 학생인데, 수업 들어가기 전에 꼭 문자를 해요. 몇 시에 끝나니까 연락할 일 있으면 그 이후에 하라고. '공부 열심히 해' 저는 답장 보내고……. 이럴 때 심적으로 '같이 있구나' 이런 맘 들어요. 서로 생활을 공유하니까.

부부5, 남편: 제가 출장을 자주 가요. 아내는 출장 갔을 때는 (저한테) 전화나 문자를 더 자주 해요. 밥 먹었냐, 뭐 했냐, 피곤하진 않냐, 꼭 내 옆에 있는 사람처럼 챙겨주니까 같이 있는 느낌이 들죠.

부부9, 남편: 전 아내가 보고 싶을 땐 문자 대신 통화를 하지요. 그럴 땐 꼭 얼굴 보고 말하는 것처럼 마음이 편해지고 집사람이 마치 옆에 있는 것처럼 느껴집니다. 심리적 안정감 같은 것도 느껴지고…….

4) 부부 갈등의 완충제 역할, 문자메시지

휴대전화와 관련된 기존 연구들은 문자메시지가 음성통화보다 더 감정적·정서적 교류에 적합하다고 밝힌 바 있다(이수영, 2003; 이종숙, 2001). 특히 문자메시지는 면대면 커뮤니케이션 상황에서의 부담을 줄이기 위해 적극적으로 활용되고 있음을 지적하는데, 이는 직접 얼굴을 보고 하기 어려운 대화를 메시지를 통해 간접적으로 전달함으로써 갈등을 조절하고 면대면 상황에서 충동적으로 논쟁을 격화시킬 수 있는 실수를 피할 수 있다는 점에서 유용하다는 것이다. 이러한 커뮤니케이션 전략은 모바일을 이용한 부부간 커뮤니케이션에서도 나타나고 있었다.

부부6, 아내: 남편과 심하게 다투고 나면 예전에는 말을 안 했어요 며칠씩

(말을) 안 할 때도 있었어요. 요즘은 그냥 문자로 누구든 먼저 '미안해' 그러면 끝이에요. 문자메시지가 확실히 관계를 회복할 때 그럴 때 편한 거 같아요.

부부8, 아내: 얼굴을 보고 얘기하면 막 싸우는데 문자로 하면 안 그렇더라고요. 하트 같은 모양, 뭐 이모티콘 같은 거도 보내고 하니까 감정이 좀 풀리는 느낌이 들죠.

부부8, 남편: 참 웃긴 게 전화해서 '미안해' 하기는 참 어려워요. 그냥 싫어요. 근데 문자로 '미.안.해.' 세 글자 치는 건 덜 어색하고 쉬워요.

부부9, 남편: 아침에 화내고 나온 날은 아내가 꼭 문자를 보내줘요. 사실은 내가 미안한데 아내가 먼저 문자 보내면 내가 더 미안하고 쑥스럽고……. 그래서 집사람한테 잘해줘야지…… 뭐 그런 생각도 하고.

5) 부부간 소통의 매개체로서 모바일: 단절된 대화의 회복

부부관계는 친밀하고 지속적인 상호 작용을 하는 관계이다. 그러므로 부부간에 친밀하고 지속적인 상호 작용을 유지하기 위해서는 의사소통이 필수적이다. 원활한 의사소통으로 인해 부부 사이의 친밀감이 강화되는 것이다. 이런 점에서 모바일은 부부관계에서 중요한 의사소통의 매개체로서 기능한다. 일부 면접 대상자들은 모바일이 부부 사이에 의사소통의 기회를 증가시키며 서로에 대해 더 많이 알게 해주고, 말하기 어려운 이야기를 쉽게 할 수 있도록 도와준다는 의견을 제시했다.

부부6, 남편: 휴대전화로 뭐 특별한 대화를 나누는 건 아니지만, 사실 일상적인 얘기들이잖아요. 귀가 시간 알려주고 서로 스케줄 알려주고, 애들 문제 얘기하고. 급한 일 생기면 연락하고. 근데 이런 것들조차도 옛날엔 잘 안 했거든요. 지금은 (휴대전화로) 하니까 대화의 기회가 많이 늘었다고 볼 수 있죠.

부부7, 아내: 우리는 커뮤니케이션이 잘 안 되는 부부였어요. 근데 휴대전화가 있고 나서부터는 의사소통 횟수가 빈번해지니까 숨이 좀 트이더라고요. 직접 대면으로 말하기 힘든 거는 돌려서 문자로 얘기하고……. 불편했던 마음이 누그러질 때가 많죠.

부부10, 아내: 일단 (휴대전화로) 자주 대화를 하니까 서로에 대해 이해할 수 있는 시간이 많아져서 좋은 거 같아요. 장소, 시간 구애받지 않고 서로 연락이 되니까 의사소통이 원활해지고 서로에 대해 좀 더 많이 알아가고…….

부부1, 아내: 일단 저라도 (남편에게) 소통을 할 수 있으니까 좋죠. 남편은 무뚝뚝하기도 하고……. 15년 사는 동안 그렇게 살갑게 대화라는 걸 하고 살지는 않았어요. 근데 싫든 좋든 제가 전화든 문자든 남편에게 할 말은 하고 살 수 있으니까 좋은 거죠.

음성통화와 문자메시지는 모바일이라는 하나의 기기에 포함되어 있지만, 기능과 이용 패턴이 반드시 일치하지는 않는다. 문자메시지의 기술적 특성 때문에 새로운 사람들을 사귀거나 새로운 관계를 만드는 데 필요한 정보 교환에는 유용한 도구가 될 수 없을지도 모른다. 그러나 기존의 관계를 지속적으로 갱신하고 친밀감을 강화하면서 관계를 유지하기에는 용이하다(김은미, 2006). 특히 문자메시지의 간결성 때문에 이를 통해 가족이나 친구 등 관계가 이미 형성된 사이에서 연락을 지속하거나 상대에 대한 간단한 애정이나 감정을 표현하기에는 오히려 더 편리할 수 있다. 인터뷰에 응했던 일부 부부들 역시 문자메시지를 통한 서로의 애정표현에 대해 긍정적인 반응을 보였는데, 특히 문자메시지의 이모티콘 활용이 대화의 정서적·감정적 면을 증가시키며, 부부의 애정표현 기제로 기능하고 있다는 것을 지적했다.

> 부부8, 아내: 남편은 참 건조하고 무뚝뚝한 사람이었어요. 생일이나 기념일 잘 안 챙겨줬거든요. 바쁘다는 핑계로……. 요즘은 생일 같은 날 이모티콘 같은 거 넣어서 문자도 보내주고……. 기분 좋죠. '우리 남편이 날 아직 사랑하는구나.' 고마운 맘도 생겨요. 휴대전화 덕에…….

> 부부5, 남편: 집사람한테 어느 날 문자가 왔는데 '오늘도 수고하세요, 우리 집 가장.' 거기다 막 하트에다 이상한 그림 문자까지. 알고 봤더니 아들한테 이모티콘 보내는 걸 배웠더라고요. 기분이 묘해지면서, 그냥 즐거웠죠.

이러한 인터뷰 내용들은 이모티콘이 대인관계의 친밀감과 상호 작용의 정도를 좀 더 풍부하게 증가시킨다는 일부 연구의 결과를 뒷받침한다(황하성·박성복, 2008). 박현구(2005)의 지적처럼 이모티콘은 부부들 사이에서도 "오프라인 환경의 비언어적 행위를 표현하는 온라인 환경 안의 상징적 표현 기제"로 활용되고 있으며, 서로의 친밀감을 교환하는 매개체로 기능하고 있음을 알 수 있다.

5. 결론

현재 우리는 모바일을 통한 커뮤니케이션 환경 속에서 살고 있다. 2008년 7월 말 한국의 우리나라 휴대전화 가입자 수는 4,500만 명으로 인구 대비 보급률은 95.2%에 달한다. 이른바 '1인 모바일 시대'가 도래한 것이다.

모바일과 관련된 많은 연구들은 모바일이 사회관계를 유지시키고 발전시키는 데 매우 중요한 역할을 담당한다고 주장해왔다. 특히 모바일의 대표주자격인 휴대전화는 물리적으로 멀리 떨어져 있는 사람들을 즉각적인 사이버 존재로 끌어당기는 기능을 하는데(Gergen, 2002), 한편으로는 인터넷이 가지고 있던 물리적 공간의 제약을 더 완화시키기도 한다. 인터넷은 통신이 가능한 컴퓨터가 있는 곳에서만 이용할 수 있기 때문에 물리적 공간의 제약이 따르지만, 모바일은 장소와 시간에 구애받지 않고 이용 가능하기 때문이다.

이러한 모바일 커뮤니케이션은 우리 삶에서 의사소통이 무엇보다 중요한 부부관계 또는 가족관계에 어떤 형태로든 영향을 미칠 수 있다. 과연 음성 또는 문자를 통한 끊임없는 대화는 시공간의 제약을 넘어서 부부간의 심리적·정서적 '가까움'의 의미를 더해줄 것인가? 모바일 테크놀로지가 현대 사회의 부부 커뮤니케이션에 미치는 영향은 무엇일까? 이 연구는 부부들의 모바일 이용과 관련된 경험을 통해 모바일이 부부생활에서 갖는 의미, 모바일을 통한 부부들의 의사소통 양상과 부부관계에 미치는 영향을 심층 인터뷰를 통해 알아보고자 했다. 주요 결과를 정리하면 다음과 같다.

첫째, 면접 대상자들을 통해 남편은 음성통화를, 아내는 문자메시지를 더 많이 이용하고 있었으며, 모바일 대화는 아내가 주도적으로 이끌어가고 있음을 확인할 수 있었다. 이는 남성보다는 여성이 더 많이 문자메시지를 이용하고, 또한 여성이 통상적으로 남성보다 더 감정을 자제하고 글쓰기를 좋아하기 때문에 문자메시지가 특히 여성들에게 유용할 수 있다고 밝힌 연구를 뒷받침해준다(Lin and Lo, 2004). 남자들이 음성통화를 더 선호하는 이유는 '텍스트를 치는 것보다 음성통화를 하는 것이 더 직접적이고 편리하다'는 것이다. 이러한 남편들의 응답에 대해 일부 아내들은 남편들이 문자메시지를 보내는 것을 귀찮고 성가신 일로 여긴다고 불만을 토로하기도 했다. 결국 이 연구에서는 일부 연구들이 주장한 바와 같이 부부들 사이에서도 모바일 이용은 남편들은 통화를 선호하고 아내들은 텍스트를 선호한다는 '젠더화된' 특성이 나타나고 있음을 알 수 있었다.

둘째, 부부 사이에 끊임없이 이루어지는 음성과 문자메시지는 일상적인 안부와 알림의 수단으로 사용되며, 모바일이라는 대화 채널을 통해 부부들은 서로의 일상을 공유하고 있었다. 즉, 모바일은 물리적으로 떨어져 있는 부부들을 끊임없이 연결시켜주는 일종의 고리로 기능하고 있는 것이다. 이는 휴대전화를 통한 커뮤니케이션의 본질이 '끊임없는 도달성(perpetual attainability)'에 있다고 규정한 로슬러와 호플릭(Roessler and Hoeflich, 2002)의 주장과도 일맥상통하는 부분이다. 이용자들이 휴대전화를 이용할 때 가까운 관계에 있는 사람들이 취침 중이거나 일을 하지 않고 있는 한 항상 연락이 가능할 것으로 기대하는 것처럼(Ito, 2003), 이 연구의 응답자들 역시 서로의 일상을 확인하고 공유하며 음성통화가 불가능할 경우 '문자메시지'를 통해 서로의 의사를 소통하고 있었다. 즉, 상대방과의 도달 가능성이 약화되었다고 판단될 경우 문자메시지가 더욱 적극적으로 활용되고 있음을 알 수 있다.

셋째, 부부 사이에서의 과다한 모바일 커뮤니케이션은 상대방에 대한 일상의 간섭이나 구속으로 작용하기도 했다. 이러한 반응들은 주로 남편들의 입장에서 비롯된 것으로, 일부 남편들은 모바일이라는 기기를 통해 아내들이 끊임없이 자신의 일정을 체크하고 점검하고, 나아가 원격으로 아버지 또는 남편의 역할을 강요한다는 것이다. 따라서 때로 휴대전화는 아내로부

터 일상의 감시가 이루어질 수 있는 하나의 '속박의 도구'로도 기능한다고
털어놓기도 했다. 이러한 연구 결과는 휴대전화로 인해 부모로부터 끊임없
이 감시당하며 과거보다 더 '엄혹한 통제'를 받게 됐다는 인식이 한국의
10대들 사이에서 일정한 공감대를 형성하고 있다는 연구 결과(Yoon, 2003)
를 뒷받침한다. 즉, 휴대전화가 적어도 '해방의 기제'보다는 '속박의 기제'
로 작용할 수 있다는 것이다.

넷째, 간결하고 짧은 문자메시지는 부부 사이의 갈등이나 다툼을 조절
하고 해결해주는 완충제 역할을 함으로써 원활한 부부관계를 이끌어주
고 있음을 알 수 있었다. 부부 사이의 갈등이나 다툼은 원활한 부부관계
를 위한 걸림돌이다. 대화 단절, 의사소통의 문제점은 부부 사이의 갈등
을 증폭시키고 관계를 악화시킬 수 있다. 적극적인 문자메시지 활용이
부부 싸움에서 나타날 수 있는 관계의 악화를 방지할 수 있다는 것은
문자메시지가 '관계적 커뮤니케이션'에 유용하다는 일부 선행 연구들의
결과를 뒷받침해주고 있다. 즉, 면대면으로 하기 어려운 대화들을 문자
메시지를 통해 전달하거나, 면대면 상황에서 논리적이지 못한 내용으로
상대방의 감정을 악화시킬 수 있는 상황을 피할 수 있다는 점에서 문자
메시지는 부부 사이에서도 면대면 커뮤니케이션의 대안적인 역할을 수
행하고 있음을 알 수 있다. 또한 모바일을 통한 부부 커뮤니케이션에서
문자메시지의 이모티콘은 감정이나 애정의 표시를 부가시켜줌으로써 갈
등을 완화시키는 기제로 작용하고 있었다. 비록 부부 사이에서 이모티콘
의 활용이 빈번하지는 않았지만, 이모티콘을 통한 문자 언어의 시각적
효과로 단순한 메시지의 교류를 부드럽게 바꾸어주는 기능을 함으로써
(황하성·박성복, 2008) 상대방의 기분을 풀어주기 위한 배려의 목적으로
사용되고 있었다.

다섯째, 모바일 커뮤니케이션은 과연 부부관계, 부부생활에 어떤 영향을

미치고 있는가? 이에 대해 이 연구의 면접 대상자들은 모바일이 부부간의 일상을 이어주고 커뮤니케이션의 수단이 된다고 말하면서도 모바일이 부부 간의 친밀성, 심리적 애착감에 미치는 영향에 대해서는 양면적인 반응을 보였다. 이는 면접 대상자들의 과거 부부 커뮤니케이션 양상 또는 부부관계 의 만족도(불화 또는 갈등이 있었던 경우)에 따라 다르게 나타날 가능성이 높아 보였다.

먼저 부부 사이에 대화가 없거나 단절되어 있었던 경우는 면대면이 아닌 모바일을 통한 커뮤니케이션이 소통의 기폭제로 활용되면서 부부 사이의 관계를 증진시켜준다는 입장을 보였다. 일부 응답자들은 문자를 주고받고 음성통화를 주고받는 것만으로도 큰 변화라고 말하면서 부부관계가 모바 일 이용에 따라서 긍정적으로 변화되었음을 암시하기도 했다. 남편에게서 혹은 아내에게서 오는 통화, 문자의 수로도 서로에 대한 애정의 깊이를 느낄 수 있다고 말하는 응답자들도 있었다. 즉, 문자메시지 또는 음성통화 를 통해 개방적인 커뮤니케이션을 촉진시키고 상대방에 대해 잘 몰랐던 점들을 알아갈 수 있다는 데 동의하고 있다. 이들은 모바일이 남편 또는 아내와의 관계를 '조금 더 가깝게' 끌어주고 있다고 믿고 있으며 부부 사이 를 결속시키는 데 유용한 기능을 하고 있다고 지적했다. '덜 친밀한' 상태에 서 서로 '더 친밀한' 상태로 나아가는 단계로 문자메시지나 음성통화가 적극적으로 활용될 수 있다는 것이다.

또한 다툼이 잦은 부부들, 그리고 화해를 하지 못해 불편한 부부관계를 경험했던 부부들에게 모바일이 화해의 소통도구로 활용되면서 긍정적인 부부 사이로 회복되었음을 강조하는 응답자들도 있었다. 이러한 점은 주로 문자메시지가 부부 싸움 후 갈등의 완충제로 사용되는 경우에서 살펴볼 수 있었는데, 짧지만 간단한 문자메시지를 통해 서로를 '진정시켜' 줌으로 써 관계가 악화되는 것을 피할 수 있다. 이는 적어도 모바일이 부부관계에서 덜 친밀한 상태가 지속되는 것을 막아주는 기제로 작용한다는 것을 뜻한다.

한편, 모바일이 언제 어디서나 상대방과의 연결 가능성을 제공하고 있지만, 이러한 연결의 끈이 상대방과의 정서적인 근접성까지 강화시키지는 않는 것으로 보인다. 상대방과의 정서적·감성적 측면의 강화는 '대화의 빈도'보다 '대화의 질'이 중요하다는 입장을 밝힌 응답자들도 있었다. 즉, 음성통화나 문자메시지를 통해서 남편과 아내의 대화는 빈번히 이루어지고 있지만, 그 내용은 일정점검, 일상관리, 알림, 부탁 등의 기능적 대화가 주류를 이루고 있기 때문에 겉으로는 '소통되었다'고 보지만 진정한 대화는 소통되고 있지 않다는 것이다. 즉, '남편과의 연결성만 늘었을 뿐 심적으로 느끼는 애정에는 큰 변화가 없다'는 것이다.

결국 의사소통의 대화 채널은 열렸지만 채널을 통해 이루어지는 '대화의 소재'는 극히 제한적이라는 것이다. 이러한 결과는 모바일이 그저 단순한 도구적 커뮤니케이션 역할만을 한다는 부부들에게서 나타나는 공통된 의견으로 볼 수 있다. 따라서 모바일을 이용해 이루어지는 부부간의 대화 내용, 또는 모바일 이용 동기들이 추후 연구에서 보충된다면 향후 모바일이 부부 커뮤니케이션, 부부관계에 미치는 영향을 좀 더 구체적으로 논할 수 있을 것이다.

이 연구 결과에서 볼 수 있듯이 이제 모바일은 남편—아내와 같은 부부 사이에서도 끊임없는 '소통'의 매체로 활용되고 있다. 모바일 커뮤니케이션은 부부가 서로 연락을 유지하도록 허용하며, 친밀한 부부관계를 가능하게 해주기도 한다. 예컨대 이 연구의 응답자들은 음성통화를 하거나 문자메시지를 교환하는 것은 서로에 대한 일상의 공유이자 친밀함, 배려, 깊은 관심의 표현으로 간주하며 관계를 회복하고 개선하는 도구로 유용하다는 데 동의한다. 비록 남편과 아내 사이에 모바일을 사용하는 방식은

다르게 나타날 수 있지만, 적어도 이 연구를 통해 부부관계에 돈독한 정이
나 친밀감을 강화시킬 수 있는 원동력으로서 모바일의 가능성을 발견할
수 있었다.

참고문헌 _____

김고연주·이지은. 2006. 「정서적 미디어로서의 핸드폰: 10대 여성들의 일상적 핸드폰 사용을 중심으로」. 『모바일소녀 @디지털아시아』. 서울: 한울.

김명혜. 2005. 「이동전화를 통한 어머니 노릇의 재생산」. ≪한국언론학보≫, 7권 4호, 5~45쪽.

김은미. 2006. 「휴대전화 문자메시지의 이용에 관한 연구: 청소년의 인간관계 유지 행동을 중심으로」. ≪한국방송학보≫, 21권 2호, 138~177쪽.

김은준. 2008. 「휴대전화테크놀로지와 세대 간 커뮤니케이션: 휴대전화를 매개한 여성의 세대 간 커뮤니케이션을 중심으로」. 『한국언론학보』, 52권 1호, 216~243쪽.

나은영. 2002. 「여성의 뉴미디어 이용과 가치관: 이동전화와 인터넷을 중심으로」. 『한국방송학보』, 16권 2호, 77~115쪽.

박현구. 2005. 「온라인 환경의 이모티콘과 비언 행위의 관계: 관계 통제 기제로서의 이모티콘」. ≪언론과학연구≫, 5권 3호, 273~302쪽.

배진한. 2000. 「여성의 사교적 전화이용과 충족에 관한 연구」. ≪한국언론학보≫, 14권 3호, 115~150쪽.

_____. 2001. 「이동전화의 충족과 대인커뮤니케이션 매체로서의 이동전화의 적합성 인식」. ≪한국언론학보≫, 45권 4호, 160~188쪽.

_____. 2006. 「공적공간의 유형과 성별·연령·라이프스타일 등 수용자의 인적 속성이 휴대전화 콘텐츠 이용에 미치는 영향」. ≪언론과학연구≫, 6권 4호, 133~171쪽.

윤석민·송종현·김유경·김주형. 2004. 「이동전화격차」. ≪한국언론학보≫, 48권 3호, 354~480쪽.

이가옥 외. 2007. 「어르신 후대전화 교육프로그램 보급을 통한 정보격차 해소에 대한 연구」. 서울: 성공회대학교 노인복지연구소

이동후·손승혜. 2005. 「휴대전화 이용의 성별 차이에 관한 연구」. ≪한국방송학보≫, 20권 1호, 249~284쪽.

이수영. 2003. 「이동전화 이용에 관한 연구: 음성통화 서비스와 문자서비스 간의

관계를 중심으로」. ≪한국언론학보≫, 47권 5호, 87~114쪽.

이재현. 2004. 『모바일 미디어와 모바일 사회』. 서울: 커뮤니케이션북스

이정은·양수. 2005. 「주부의 인터넷 중독 정도와 부부의 의사소통 및 결혼 만족도」. ≪정신간호학회지≫, 14권 4호, 428~437쪽.

이종숙. 2001. 「치고 때리기: 문자서비스의 촉각성 그리고 소통의 쾌락: N세대의 문자서비스 소비문화 읽기」. 한국언론학회 학술 세미나.

이현아·이기영. 2004. 「주부의 인터넷 사용으로 인한 가족관계 변화: 가족 간의 친밀감과 부부간 평등성을 중심으로」. ≪한국생활과학회지≫, 13권 3호, 329~343쪽.

_____. 2004. 「주부의 인터넷 사용으로 인한 가족관계의 변화: 가족 간의 친밀감과 부부간 평등성을 중심으로」. ≪한국생활과학회지≫, 13권 3호, 329~343쪽.

조정문 외. 1999. 「정보화시대의 공동체-가족규범의 변화」. ≪한국사회학회지≫, 33권, 389~415쪽.

황하성·박성복. 2008. 「문자메시지의 이모티콘 활용에 관한 연구: 이용 동기와 사회적 현존감의 상관성을 중심으로」. ≪미디어 젠더 & 문화≫, 9호, 134~162쪽.

Gergen, K. 2002. "The Challenge of Absent Presence" in J. E. Katz and M Aakhus(eds.), *Perceptual Contact: Mobile Communication, Private talk, Public Performance*. Cambridge: Cambridge University press.

Ito, M. 2003. "A new set of social rules for a newly wireless society. Japen Media Review." [On-line]. Available: http://ojr.org/japen/woreless/1043770650.php.

Larsen, A. 2004. "Affective technologies-Emotions and mobile phone." [On-line]. Available: http://receiver.vodafone.com

Lim, S. L. 1998. *Martial communication and martial satisfaction. unpublished master thesis*. Korea University.

Lin, A. and J. Lo. 2004. "New youth digital literacies and Mobile Connectivity: Text-messaging among Hong Kong College Students." *paper presented at the International Conference on Mobile Communication and social Change*, 18-19

212

October, Seoul, South Korea.

Roessler and Hoeflich. 2002. "Mobile written communication, or e-mail on your cellular phone." in Kim, S. D(ed.), *The social cultural impact/meaning of mobile communication*, 13-15, July 2002, Chunchon, Korea: School of communication Hallym University. pp. 133~157.

Yoon, K. 2003. "Retraditionalizaing the mobile: young people's sociality and mobilephone use in Seoul, South Korea." *European Journal of Cultural Studies*, Vol. 6, no. 3, pp. 327~343.

지은이 소개(가나다 순)

강명구 서울대학교 언론정보학과 교수로 재직 중이다. 1987년부터 비판 커뮤니케이션과 문화연구를 가르치며 '한국소비 문화의 사회사', '지식생산의 식민성 문제', '초기 한국방송의 형성에 관한 미시사' 등의 연구 주제로 논문을 발표하고 있다. 『한국의 미디어 사회문화사』(공저), 『한국 저널리즘 이론: 뉴스, 담론, 이데올로기』, 『소비대중문화와 포스트모더니즘』 등을 썼다.

김수아 서울대학교 기초교육원 강의교수로 재직 중이다. 서울대학교 언론정보학과 대학원을 졸업하고, '온라인 커뮤니티에서의 정체성', '젠더 이슈와 미디어 재현' 등의 연구 주제로 논문을 발표하고 있다.

배진아 공주대학교 영상광정보공학부 교수로 재직 중이다. 이화여자대학교 신문방송학과 대학원을 졸업하고 MBC 편성국의 전문연구위원(2002~2005)으로 있었으며, 「방송의 통일 이념 실천에 관한 주요 관계자의 인식」(공저), 「방송 시장의 포맷 거래에 관한 연구」, 「공영방송의 공적 책무성」, 「드라마 시청률 영향 요인 분석」 등의 논문을 발표했다.

서주희 이화여자대학교 언론홍보영상학부를 졸업하고 서울대학교 국제대학원에서 중국지역학 석사학위를 받았다. 이후 서울대학교 언론정보학과 박사과정을 거쳐 현재 미국 인디애나대학교의 동아시아 언어문화학 대학원에서 중국근대사를 전공하고 있다.

설진아   한국방송통신대학교 미디어영상학과 부교수로 재직 중이다. 고려대학교
         신문방송학과를 졸업하고 미국 조지아주립대학교에서 언론학 석사, 호주
         맥쿼리대학교에서 언론학 박사학위를 받았다. EBS 교육방송국, SBS 프로
         덕션 PD, 한국언론학회 총무이사 등을 역임했다. 『방송기획제작의 기초』,
         『국제방송론』, 『영상제작입문』, 『글로벌미디어』, 『미디어교육의 이론과
         실제』 등을 썼고, 「텔레비전 뉴스의 연성화에 관한 연구」, 「정권교체기의
         대통령보도에 관한 연구」, 「6자회담에 관한 텔레비전 외교뉴스의 정보원
         분석」, 「지상파 TV방송사의 대시청자 인터넷 서비스 및 피드백 연구」,
         「탐사보도 프로그램의 논증모형에 관한 분석: <PD수첩>의 줄기세포 관
         련 프로그램을 중심으로」, 「Global Television and International Diplomacy:
         CNN' Coverage of the Six-Party Talks」 등의 논문을 발표했다.

이경숙   고려사이버대학교 미디어홍보영상학과 부교수로 재직 중이다. 고려대학교
         신문방송학과에서 언론학으로 박사학위를 받았고 한류, 디즈니 문화, 이주
         여성과 미디어 등 지구적 차원의 문화 현상에 대해 관심을 갖고 있다.
         『젠더, 이주, 모바일 놀이』를 썼으며, 『사회과학방법론』, 『국제커뮤니케
         이션과 세계화』, 『문화연구사전』 등을 공역했고, 「혼종적 리얼리티 프로
         그램에 포섭된 '이산인'의 정체성」 등의 논문을 발표했다.

정영희   고려대학교 정보문화연구소 연구원으로 재직 중이다. 고려대학교에서 언
         론학으로 석·박사학위를 받았으며, 현재 강원대학교, 수원대학교, 한국외
         국어대학교 등에서 방송영상, 대중문화, 여성과 미디어 등을 가르치고 있
         다. 한국여성커뮤니케이션학회의 기획이사로 활동한 바 있으며, 한국언론
         학회와 방송학회의 회원이다. 텔레비전 드라마에 관해 다수의 논문을 발
         표했으며, 특히 수용자 연구에 관심이 많다. 방법론은 질적 접근과 양적
         분석 모두를 사용한다. 『한국 사회의 변화와 텔레비전 드라마』를 썼으며,
         『세계화와 문화』, 『문화연구사전』을 공역했다.

조연하 이화여자대학교 커뮤니케이션·미디어 연구소 연구교수로 재직 중이다. 이화
여자대학교에서 언론학 박사학위를 받았고, 전공 영역은 언론법과 정책, 방
송과 뉴미디어, 미디어 교육이며, 방송통신 정책 및 심의, 디지털 미디어
저작권, 디지털 미디어 리터러시 교육에 관한 연구에 주력하고 있다. 「청소
년시청보호제도의 가정 내 실천에 관한 연구」, 「청소년시청보호시간대의
법리적 근거에 관한 연구」, 「방송프로그램 등급제의 자율규제 모델에 관한
연구」 등의 논문을 발표했다. 미디어교육 교재로『미디어의 이해』, 『인터넷
미디어@교육』, 『장애인을 보는 미디어, 장애인이 보는 미디어』 등을 썼고,
『유럽의 텔레비전 방송: 규제, 정책, 독립』 등을 번역했다.

황하성 동국대학교 신문방송학과 조교수로 재직 중이다. 미국 템플대학교에서 커뮤
니케이션학 석사 및 박사학위를 받았다. Human-Computer Interaction에
관심이 많으며, 커뮤니케이션 테크놀로지의 사회적·심리적 영향과 수용자
연구에 주력하고 있다. 「미국 대학생들의 인스턴트 메신저 활용에 관한
연구」, 「사회적 현존감(Social Presence) 측정도구 개발에 관한 탐색적 연구」,
「온라인 공간에서의 자기 노출, 친밀감, 공동 공간감에 관한 연구」 등의
논문을 발표했다.

한울아카데미 **1245**

가족과 미디어
미디어가 만드는 새로운 가족관계와 문화
ⓒ 한국여성커뮤니케이션학회, 2010

지은이 _ 강명구 · 김수아 외
펴낸이 _ 김종수
펴낸곳 _ 도서출판 한울

편집책임 _ 이교혜
편집 _ 이소현

초판 1쇄 인쇄 _ 2010년 3월 22일
초판 1쇄 발행 _ 2010년 3월 31일

주소(본사) _ 413-832 파주시 교하읍 문발리 507-2
주소(서울사무소) _ 121-801 서울시 마포구 공덕동 105-90 서울빌딩 3층
전화 _ 영업 02-326-0095, 편집 02-336-6183
팩스 _ 02-333-7543
홈페이지 _ www.hanulbooks.co.kr
등록 _ 1980년 3월 13일, 제406-2003-051호

Printed in Korea.
ISBN 978-89-460-5245-1 93330(양장)
      978-89-460-4259-9 93330(학생판)

* 책값은 겉표지에 표시되어 있습니다.
* 이 도서는 강의를 위한 학생판 교재를 따로 준비했습니다.
  강의 교재로 사용하실 때에는 본사로 연락해주십시오.